Frédéric Lenoir

Dios

Traducción de Manuel Serrat

editorial Kairós

Título original: Dieu

© Éditions Robert Laffont, S.A., París, 2011
© de la traducción: Manuel Serrat Crespo
© de la edición en castellano:
  2012 by Editorial Kairós, S.A.
  Numancia 117-121, 08029 Barcelona, España
  www.editorialkairos.com

Fotocomposición: Moelmo, S.C.P., Girona 53, 08009 Barcelona
Diseño cubierta: Katrien van Steen
Impresión y encuadernación: Romanyà-Valls. Verdaguer, 1. 08786 Capellades

Primera edición: Octubre 2012
ISBN: 978-84-9988-185-0
Depósito legal: B-27.243/2012

Sumario

Prefacio

Desde hace casi 30 años me intereso por la cuestión de Dios.
Lo hago como filósofo, sociólogo e historiador de las religiones, es decir, de modo distanciado y desapasionado. Intentan-
do no hacer *a priori* juicio alguno, positivo o negativo, sobre
la fe, estudio el hecho religioso en sus diversas dimensiones y,
especialmente, las representaciones que los hombres se hacen
de una fuerza superior muy a menudo denominada "Dios".
He deseado sintetizar esas muy diversas investigaciones en esta
obra accesible a los no especialistas. Publicada primero en Francia, en forma de libro de entrevistas con la periodista Marie
Drucker, he vuelto a trabajarla pensando en una edición internacional expurgada de las preguntas. No obstante, ha conservado con frecuencia el tono vivaz de una conversación. Aunque
el libro no tenga como objetivo defender o criticar la existencia
de Dios, doy cuenta, sin embargo, al final de la obra, en un largo epílogo, de mi personal sentimiento sobre esta cuestión
que se me plantea también íntimamente, como a cada uno de
nosotros.

1. Prehistoria y chamanismo

Dios apareció bastante tarde en la historia de la humanidad. Aunque el ser humano existe desde hace varios millones de años, la arqueología muestra que las primeras representaciones de divinidades aparecen hace solo 10 000. Son, por lo demás, las diosas las que precedieron a los dioses. Por lo que se refiere a la noción de un Dios único, muy extendido en nuestros días por medio de los monoteísmos judío, cristiano y musulmán, ve la luz en Egipto, en el siglo XIV antes de nuestra era, bajo el reinado del faraón Amenhotep IV, que cambia su nombre por el de Akenatón, como referencia al culto solar del Dios único, Atón. Pero el politeísmo –la creencia en varios dioses– prevalece después de su muerte y es preciso aguardar hasta mediado el primer milenio antes de nuestra era para que el monoteísmo sea confirmado con certeza en Israel, con el culto a Yavé, y en Persia, con el culto a Ahura Mazda.

Los primeros rastros de religiosidad

No existen rastros arqueológicos precisos de la religión durante la prehistoria, al menos en el período que precede a la revolución del Neolítico, hace unos 12 000 años, cuando nuestros antepasados comenzaron a sedentarizarse y a construir aldeas y, luego, ciudades. Algunos indicios nos permiten, sin embargo, imaginar una religiosidad del hombre prehistórico. El primero es el de los rituales de la muerte, algo que ningún animal hace. Las tumbas más antiguas se han encontrado en Qafzeh, en el actual Israel. Hace unos 100 000 años, el antiguo *homo sapiens* depositó allí cuidadosamente cadáveres en posiciones fetales y los cubrió de color rojo. En un paraje próximo, hombres y mujeres fueron enterrados con cornamentas de cérvidos o mandíbulas de jabalí en las manos y también con ocre sobre o alrededor de las osamentas. Estas sepulturas atestiguan la existencia de un pensamiento simbólico que caracteriza al ser humano. Esos colores o esos objetos son los símbolos de una creencia. Pero ¿cuál? Nuestros antepasados creían probablemente en una posible supervivencia del ser después de la muerte, como atestigua la posición fetal de los cuerpos o la presencia de armas que pueden servir para cazar en el más allá. Aunque no podemos afirmarlo con certeza. Creo que estos primeros rituales de la muerte son una primera manifestación de religiosidad, de una probable creencia en un mundo invisible.

Las Venus prehistóricas

A imagen de la famosa Venus de Lespugue se han encontrado en Europa numerosas representaciones de mujeres con los atributos de la feminidad y, sobre todo, de la maternidad exaltados. Las más antiguas aparecieron hace unos 20 000 años. Algunos ven en ellas a las primeras diosas de la humanidad, e incluso el culto universal a una gran Diosa-madre. Me parece poco probable, pues no se les asocia ningún otro símbolo. Podemos ver en ellas, con seguridad, arquetipos de la feminidad y, sin duda, la veneración de la mujer como portadora y dadora de vida. Pero nada permite pensar que las representadas sean seres sobrenaturales. Algunos especialistas en arte prehistórico, como el profesor Le Roy McDermott, creen incluso que estas Venus son autorretratos de mujeres encinta, lo que explicaría a la vez sus deformaciones características y la ausencia de rasgos de los rostros.

Pinturas rupestres y chamanismo

¿Son las pinturas rupestres el testimonio de creencias religiosas? Estamos ante un debate abierto entre los especialistas de la prehistoria. Ya saben ustedes que la mayoría de estas pinturas representan a animales. Para algunos, se trata de gestos puramente artísticos: serían el nacimiento del arte por el arte. Pero esta tesis choca con varias objeciones. La principal es el propio lugar donde se realizaron estas pinturas: grutas sombrías y de acceso muy difícil. Cuesta imaginar por qué los artistas de la prehistoria iban a ocultarse en semejantes lugares para realizar sus obras. La mayoría de los especialistas se inclinan, pues, por otra hipótesis, la del arte mágico: al pintar escenas de cacería, el hombre captura la imagen de los animales antes de capturar a los propios animales. Yendo más lejos aún, algunos especialistas, como Jean Clottes y David Lewis-Williams, desarrollaron la hipótesis chamánica: a su entender, las pinturas no representan a los propios animales, sino el espíritu de los animales que los chamanes de la prehistoria invocaban y con los que se comunicaban a través de trances. Eso explicaría perfectamente la elección de grutas de difícil acceso, lugares favorables al aislamiento y al trance chamánico. Esta hipótesis, además, se ve confirmada por dos datos importantes. En primer lugar, el aislamiento de la mayoría de parajes de arte rupestre, alejados de grutas habitadas, y por lo tanto específicamente consagrados a esta actividad ritualizada. Luego, según las observaciones de los etnólogos sobre las últimas poblaciones actuales de cazadores-recolectores, los chamanes realizan pinturas sobre huesos, cornamentas o rocas para comunicarse con espíritus invisibles, especialmente con los de los animales que van a ser cazados.

Puede parecer insólito que algunas observaciones llevadas a cabo hoy sobre ciertos pueblos nos ayuden a conocer al hombre prehistórico. Es sorprendente, pero en absoluto absurdo si se sabe que ciertas tribus viven todavía como nuestros lejanos ancestros. Hoy tienden a desaparecer, pero numerosos etnólogos pudieron observarlos en el siglo XX, especialmente en América del Sur, en Australia, en Siberia o en ciertas regiones de Asia. Estos pequeños grupos nómadas o semi-sedentarizados no practican la agricultura ni la ganadería y viven de la caza y la recolección. Dan testimonio de lo que, probablemente, era la religión de la prehistoria, porque viven de acuerdo con el mismo modo de vida que el hombre prehistórico: en la naturaleza, con la subsistencia como principal búsqueda. Ahora bien, y eso es del todo apasionante, se advierte en toda la larga historia que las creencias y las prácticas religiosas evolucionan en función de los cambios del modo de vida del ser humano. Al igual que esos pueblos que viven insertos aún en el mundo natural, los hombres prehistóricos se sentían del todo insertos en la naturaleza. La religiosidad de esos pueblos nos muestra lo que pudo ser la religión de la prehistoria: una religión de la naturaleza, donde se considera que el mundo se compone de lo visible y lo invisible.

Un mundo poblado de espíritus

Cada cosa visible tiene un doble invisible con el que algunos individuos pueden comunicarse. A partir de la observación de los pueblos tunguses de Siberia, se dio, desde finales del siglo XVII, el nombre de "chamán" (en lengua tungús *saman* significa "danzar, brincar") a las personas que la tribu había elegido para interceder ante los espíritus en su favor. Y se calificó de "chamánica" esta relación de la naturaleza que era, probablemente, la del hombre prehistórico del Paleolítico. Esta religión natural se basa en la creencia en un mundo invisible que rodea este mundo visible y en la posibilidad de comunicar con las fuerzas invisibles. Postula también la creencia en la supervivencia de una parte invisible del ser humano que se reencarna después de la muerte: el alma. Se caracteriza por prácticas de diálogos con los espíritus para ayudar a sobrevivir al grupo humano, curar a los enfermos y favorecer la caza. Antes de cada cacería, el chamán procede a un ritual que adopta por lo general la forma de una danza durante la cual entra en un estado modificado de conciencia: el trance, para convocar a los espíritus de los animales. Durante este trance brinca al son de los tambores –de ahí la etimología del nombre "chamán" que acabamos de mencionar–. Les propone un intercambio: «Tendremos que mataros para comer, pero, cuando muramos, entregaremos a su vez nuestro fluido vital a la naturaleza». Los chamanes son también terapeutas convencidos de que la enfermedad es el síntoma de un alma en mala situación o invadida por otra entidad.

Lo sagrado

¿Puede hablarse del chamanismo como de las primeras manifestaciones de espiritualidad? Por mi parte, definiría más bien la espiritualidad a partir de la dimensión de búsqueda individual. No puede afirmarse que, por aquel entonces, los individuos tu-

vieran una búsqueda espiritual personal, en todo caso en términos de elaboración intelectual. La espiritualidad como tentativa
de respuesta al enigma de la existencia –¿cuál es el sentido de
mi vida?– no existía sin duda por aquel entonces. Nos encontramos todavía ante una religiosidad colectiva. Todos comparten
las mismas creencias, los mismos miedos y utilizan los mismos
medios para exorcizarlos. El concepto de "sagrado" me parece
más apropiado. Y diría, más concretamente, que experimentan
lo sagrado. Lo sagrado es algo más universal y más arcaico que
la búsqueda espiritual. El teólogo y filósofo alemán Rudolf
Otto (1869-1937) definió lo sagrado como una especie de es-
panto y admiración ante el mundo. Los hombres sienten a la vez
un grandísimo miedo, porque el mundo que les rodea es inmenso y les supera por completo, y al mismo tiempo se sienten ad-
mirados ante la belleza de este mundo. Es una experiencia que
podemos hoy en día sentir perfectamente. Nos aterrorizan los
excesos de la naturaleza: los ciclones, los terremotos, los ma-
remotos. Pero nos conmovemos ante el océano, en el desierto,
contemplando hermosos paisajes... Experimentar la inmensi-
dad del cosmos y conmoverse es una experiencia de lo sagrado.

La religión: racionalización y codificación de lo sagrado salvaje

Lo sagrado, así definido, es una sensación, una experiencia es-
pontánea, a la vez individual y colectiva, de nuestra presencia

en el mundo. La religión es una elaboración social que llega más tarde. Podríamos decir que ritualiza y codifica lo sagrado. Las religiones existen para domesticar lo sagrado, hacerlo inteligible, organizarlo. Crean así un vínculo social, conectan a los hombres entre sí. Por lo demás, la palabra latina *religio* que dio origen a "religión" tiene dos etimologías. Según Cicerón procede de la palabra *relegere* que significa "releer", expresión que puede remitir a la dimensión racional y organizadora de la religión o a su dimensión de transmisora de un conocimiento tradicional. Pero para Lactancio, la palabra *religio* procede de *religare*, "atar, sujetar". De un modo vertical, los individuos están sujetos a una trascendencia, a algo que les sobrepasa, a una fuente invisible de lo "sagrado". De un modo horizontal, esa experiencia y esa creencia comunes conectan entre sí a los individuos, creando un vínculo social en la comunidad. El fundamento del vínculo social más poderoso de una sociedad es, efectivamente, la religión. El escritor y mediólogo Régis Debray analizó muy bien la función política de la religión y mostró cómo toda sociedad necesita reunir a los individuos en torno a un invisible que los trascienda. Eso es cada vez menos cierto en Europa, pero se trata de una excepción. La creencia en Dios es compartida por el 93% de los americanos, sean cuales sean las confesiones religiosas, y la cohesión social es muy fuerte en los Estados Unidos; Dios es omnipresente, incluso en los rituales de la vida civil. La religión está igualmente presente y es fuente de cohesión social, en los demás continentes, en los países cristianos, musulmanes y budistas, pero también en la

India e incluso, curiosamente, en China alrededor de tradiciones confucianas y del culto a los antepasados, que nunca desaparecieron a pesar del comunismo. Solo en Europa, casi, la religión ya no es la base del vínculo colectivo. De ahí esa permanente pregunta de las sociedades europeas: ¿cómo crear el vínculo social? Es la primera vez en la historia que una civilización intenta crear vínculo social al margen de la religión. A la crisis de las creencias religiosas, en los siglos XVIII y XIX, le sucedieron lo que se denomina religiones civiles, es decir, creencias colectivas, compartidas por todos, en torno a algo que nos trasciende y nos supera: el nacionalismo, por ejemplo. Durante los siglos XIX y XX, en Europa, era posible dar la vida por la Patria. ¡Era el vínculo con lo sagrado! Hoy, no hay ya sagrado.

Pero volvamos al nacimiento de la religión. Salvo en algunas tribus de cazadores-recolectores, no quedan ya muchas huellas de la religión natural de los hombres prehistóricos. De hecho, la religión natural se mezcló muy a menudo con las religiones ulteriores. Sigue siendo extremadamente vivaz en África, en Asia, en Oceanía y en América del Sur, incluso entre los cristianos, los musulmanes o los budistas. Por ejemplo, impregnó profundamente el budismo tibetano: el oráculo que regularmente consulta el Dalai-Lama entra en trance exactamente como en los rituales chamánicos tradicionales. Solo en Europa y en los Estados Unidos fue casi por completo erradicada por la cristianización. Pero en Occidente asistimos, desde hace unos 20 años, a un gran aumento del interés por el chamanismo. No obstante, mejor sería hablar de neo-chamanismo, pues quienes van a vivir algunas experiencias en Mongolia o en Perú junto a chamanes tradicionales no están ya insertos en la naturaleza. Una naturaleza que idealizan y re-hechizan de un modo imaginativo como reacción ante un modo de vida urbana y una religión cristiana demasiado cerebral que han apartado al hombre de su relación con el mundo natural.

2. Nacimiento de las diosas...
y de los dioses

La religiosidad natural de los hombres de la prehistoria no había inventado aún los dioses. ¿Qué contexto histórico y social fue propicio a su creación? El eje se encuentra en el paso del Paleolítico al Neolítico. El modo de vida de los hombres cambia, se sedentarizan para posibilitar un mayor dominio de sus necesidades alimentarias. La agricultura y la ganadería reemplazan la caza y la recolección. Ese control cada vez mayor de los medios de subsistencia conduce a los hombres a reagruparse en poblados, que van a convertirse en ciudades. Con el nacimiento de las ciudades la región cambió profundamente.

El gran viraje del Neolítico

Las condiciones climáticas son ideales. La Tierra comienza a salir de un período glacial iniciado 100 000 años antes y los efectos del calentamiento se hacen sentir, primero, en esa zona geográfica situada entre el Egipto actual e Irak. Es un lugar fértil. El hombre abandona las grutas y comienza a construir al aire libre casas de tierra, madera, piedra. Para protegerse, se reúne y crea aldeas cada vez más grandes, rodeadas de cercas. Progresivamente, se vuelve ganadero y agricultor. Hace que sus pequeños rebaños pasten junto a la aldea, cultiva cereales, aprende a molerlos y a almacenarlos. El ser humano es entonces cada vez menos dependiente de la naturaleza. Controla sus medios de subsistencia. Asistimos así a una considerable revolución en la historia de la humanidad: por primera vez, el hombre ya no está del todo inserto en el orden natural. Entonces, su relación simbólica con el mundo se modifica también: ya no negocia con los espíritus de la naturaleza y de los animales. La figura del chamán tiende a desaparecer en las pequeñas ciudades que emergen, un poco por todas partes, en el Próximo Oriente desde el noveno milenio antes de nuestra era. Sin embargo, sigue necesitando creer en fuerzas superiores que le protejan de los caprichos de la naturaleza o de los demás grupos humanos amenazadores. Y entonces convertirá los espíritus del trueno, del agua, de la lluvia, en entidades divinas que se le parezcan. Es un proceso de antropomorfización. Durante varios miles de años, el hombre creará a su imagen entidades superiores, divinidades sexuadas, masculinas y femeninas: los dioses y las diosas a los que establece en el cielo. El vínculo no se edificará ya en el espacio horizontal de la naturaleza, sino entre la tierra, la ciudad, morada de los hombres, y el cielo, en adelante morada de los dioses. Por otra parte, la palabra "divinidad" procede de la lengua indo-europea y significa etimológicamente "luz", "lo que brilla"... como una estrella en el cielo.

El culto a la Gran Diosa

Hacia 7 000 años antes de nuestra era aparecen en Anatolia altares domésticos y bajorrelieves de carácter explícitamente religioso que muestran figuras de mujeres dando a luz toros. Esta figura de la mujer y del toro se extenderá por toda la cuenca mediterránea y también por la India. Será objeto de un culto que los historiadores denominarán el culto a la Gran Diosa o a la Diosa-Madre, la que da la vida y vela por la fecundidad de la naturaleza, representada por el toro. Algunos ven también la fuerza masculina en la figura del toro. Es muy posible, pero lo interesante es que el toro está siempre sometido a la mujer puesto que se le representa constantemente en posiciones donde le es inferior, porque está representado de modo parcial (cráneo, cuernos) o porque le sirve de asiento o se tiende a sus pies.

El cazador nómada del Paleolítico veneraba los espíritus de los animales que eran necesarios para su supervivencia. El agricultor-ganadero sedentario del Neolítico venera el símbolo de la fecundidad y de la fertilidad: la mujer. Pero eso no durará mucho tiempo pues aparecerán los dioses masculinos y suplantarán muy pronto el culto de la Diosa-Madre.

De las diosas a los dioses masculinos

Con la sedentarización nacerá un nuevo clero: el sacerdote sucederá al chamán. Al revés que su predecesor, el sacerdote no siente ya lo sagrado, no lo experimenta ya en su cuerpo: lo realiza a través del ritual del sacrificio que, según se cree, mantiene el orden del mundo y atrae el favor de los dioses y de las diosas. Mientras los chamanes eran indiferentemente hombres y mujeres, la casta sacerdotal se vuelve con bastante rapidez casi exclusivamente masculina. En el seno de las nacientes ciudades, al hombre le gusta organizar, gestionar, dirigir. Y al igual que se atribuye las funciones administrativas del reino, se atribuye también las funciones sacerdotales. La evolución de la religión sigue, pues, la de las sociedades que van volviéndose, un poco por todas partes, patriarcales entre el tercer y el segundo milenio antes de nuestra era, cuando los pueblos crecen y se convierten en grandes ciudades, reinos y, muy pronto, imperios. Y desde el momento en que las sociedades se vuelven patriarcales, donde domina el hombre, donde los sacerdotes son mayoritariamente hombres, el cielo se masculinizará también. Aunque al principio ellas eran dominantes, las diosas se volverán secundarias, como en Mesopotamia. Estoy convencido de que muchas disfunciones de nuestras sociedades están directamente vinculadas al desequilibrio entre lo femenino y lo masculino en la humanidad. Lo masculino ha aplastado, durante demasiado tiempo, a lo femenino, y las religiones nacidas del modelo patriarcal desempeñaron un papel esencial en la transmisión de este desequilibrio. Las religiones no solo se volvieron muy masculinas hace 4000 o 5000 años, sino que, además, se volvieron misóginas...

Creo que una de las razones del éxito de la película *Avatar* es haber mostrado un mundo, Pandora, donde lo femenino ocupa un lugar importante. Por otra parte, su realizador, James Cameron, se documentó muy bien sobre las sociedades chamánicas que viven en simbiosis con la naturaleza. Su película muestra que lo que conduce a los humanos a su perdición y a la destrucción de los demás es la codicia, el deseo de poseer, de dominar... –comportamiento típicamente masculino–. Mientras que Pandora ofrece otro modelo de sociedad basado en la armonía, el intercambio, el respeto por la vida, valores más típicamente femeninos. Creo que el éxito de la película se debe a que nos hace entrever lo que habría podido ser la humanidad sin la sed de dominio. Es una metáfora de la occidentalización del mundo por la fuerza nacida de la tecnología, y un cuento filosófico sobre la belleza de otro mundo que no ha sido destruido todavía por la codicia del ser humano.

Nacimiento de los rituales de sacrificio

De lo femenino a lo masculino, del chamán al sacerdote, del trance al sacrificio: la historia de las religiones muestra que las creencias y los miedos se transformaron con el modo de vida de los hombres. Los peligros vinculados a la naturaleza no son ya los mismos: las tribus no tienen ya miedo de no encontrar caza o de que un oso las devore. Tienen miedo de que no llueva bastante para la agricultura o de que los cultivos sean devastados por una tormenta demasiado violenta; miedo de las tribus adversarias que pueden atacarlos. Esos pueblos sienten, pues, la necesidad de una presencia de fuerzas superiores que protejan el pueblo o la ciudad. Al ritual del trance chamánico le sucederá un nuevo ritual, el del sacrificio. A la figura del chamán, poseído por los espíritus de la naturaleza durante sus trances, le sucede la del sacerdote, que lleva a cabo sacrificios y se convierte en una especie de administrador de lo sagrado. Mientras que el chamán *experimentaba* lo sagrado, el sacerdote lo *hace*. La etimología de la palabra "sacrificio" significa precisamente "hacer lo sagrado". El sacerdote no está ya poseído por una fuerza superior: realiza un gesto racional –el ritual del sacrificio– que según se supone garantiza el orden del mundo y protege al grupo.

Al principio, el hombre, por medio de los sacerdotes, ofrece a los dioses y a las diosas cereales o pequeños animales, es decir, lo que le es necesario para la subsistencia. Para comprender la lógica del sacrificio, hay que leer una obra fundamental del padre de la etnología francesa, Marcel Mauss (1872-1950). En su *Ensayo sobre el don*, Mauss muestra que el intercambio está en la propia base de las primeras sociedades humanas. Produce la abundancia de riquezas, pues invita al receptor a ser generoso, a su vez, con el donante. Ahora bien, Mauss muestra que lo que puede observarse en el seno de las tribus existe, también, en el nivel simbólico con las fuerzas superiores: cuanto más se da a los espíritus y, luego, a los dioses, más se cree que nos devolverán en beneficios. Por tanto, parece muy necesario hacer intercambios con las fuerzas invisibles que gobiernan el mundo y que proporcionan la subsistencia al grupo. Toda la lógica religiosa más arcaica de la humanidad está contenida en esta lógica del don mutuo: doy algo que me es muy valioso a las fuerzas superiores y, a cambio, estas me proporcionan subsistencia y protección. Eso es lo que expresa el ritual del sacrificio al que se entregan los sacerdotes a partir del Neolítico: ofrecen regalos a los dioses a cambio de su ayuda. Luego, con el transcurso de los milenios, se observa una delirante sobrepuja en el sacrificio. Una tablilla encontrada en la ciudad de Uruk, en Mesopotamia, y que data del tercer milenio antes de nuestra era, contabiliza un año de sacrificios en el gran templo del dios Anu: 18 000 corderos, 2 580 lechales, 720 bueyes y 320 terneros. ¡Todo eso para una ciudad cuya población no debía superar los 40 000 habitantes! En esa huida hacia adelante, se llegó luego, en efecto, a sacrificar a los dioses... seres humanos. Al principio se trataba de cautivos de otras tribus, luego se acabó sacrificando a los propios hijos para ir siempre más allá en la lógica del don más valioso. Los sacrificios humanos estaban bastante extendidos en diversas áreas geográficas durante el primer milenio antes de nuestra era y se encuentra una huella de ello en la Biblia, en la gesta de Abraham que se escribió en aquel período. Abraham recibe de Dios la orden de sacrificarle a su hijo Isaac. Pero, en el último momento, un ángel le conmina a renunciar al sacrificio y le proporciona un carnero para sustituir a Isaac. Podemos leer en este episodio de muy rico simbolismo la crítica a los sacrificios humanos tal como se practicaban aún por aquel entonces. La Biblia conmina a renunciar a eso, sin por ello prohibir los sangrientos sacrificios de animales, puesto que estos perdurarán hasta la destrucción del Templo de Jerusalén, en el año 70 de nuestra era, y se reanudarán luego en la tradición musulmana.

Deseo mimético y chivo expiatorio

Es importante decir algunas palabras acerca del famoso concepto del "chivo emisario" (o "expiatorio"). La expresión procede de una antigua tradición del pueblo judío: una vez al año, el sumo sacerdote ponía sus manos sobre la cabeza de un chivo para transmitirle todos los pecados cometidos por el pueblo, luego lo mandaba al desierto para que se perdieran allí esos pecados (Levítico, 16, 21-22). La expresión "chivo emisario" es la traducción latina de la versión griega de este texto de la Biblia, que podría más literalmente traducirse a partir del hebreo por "chivo que se marcha". Los antropólogos y los sociólogos, como James George Frazer (1854-1941), mostraron luego que el fenómeno llamado del "chivo emisario" es un comportamiento observado en numerosas sociedades, donde el grupo elige a una persona o una comunidad minoritaria sobre la que arroja el mal o la culpabilidad nacida de un mal colectivo. Así, los judíos o las "brujas" han servido a menudo de chivos expiatorios en el seno de las sociedades cristianas: se los perseguía cuando se producía una calamidad natural o se había cometido un crimen atroz. Eran considerados como autores de la falta o, por su mera presencia, como responsables de las desgracias de la población. Uno de los pensadores que más popularizó esta expresión es René Girard. En sus trabajos sobre la violencia inherente a las sociedades humanas mostró que esta procede del deseo mimético: se desea poseer lo que el otro posee. El fenómeno del chivo expiatorio es en cierto modo la respuesta inconsciente del grupo para exorcizar su propia violencia vinculada al deseo mimético: se desea y se sacrifica colectivamente a un culpable para excluir del grupo la recurrente violencia interna. Se aparta así de forma provisional la violencia inherente a cualquier grupo proyectándola sobre una víctima que será sacrificada en una especie de ritual colectivo exutorio. En nuestros días, en numerosos países europeos, aunque "el judío" siga sirviendo como chivo expiatorio para algunos, son más bien los extranjeros, los gentiles, los árabes, los musulmanes quienes suelen ser designados por la extrema derecha y parte de la derecha a secas como chivos expiatorios de nuestros propios males. Aunque las consecuencias sean menos dramáticas que en el pasado, el mecanismo de chivo expiatorio sigue actuando así en nuestras democracias laicas.

La teoría de René Girard ha sido objeto, sin embargo, de vivas polémicas en el seno del mundo universitario. Más que su teoría de la violencia vinculada al deseo mimético y del fenómeno de la víctima expiatoria –en la que coinciden las observaciones de numerosos etnólogos y sociólogos–, lo que ha suscitado controversias es la sistematización de su teoría por el propio autor. En primer lugar, sistematización en todos los grupos humanos. Ahora bien, existen sociedades donde la teoría no es convincente. Sistematización como explicación global del fenómeno religioso, luego. En su más importante obra, *La violencia y lo sagrado*, René Girard afirma que la función fundamental de la religión es mantener la violencia al margen de la comunidad por medio de la perpetuación del mecanismo de la víctima expiatoria. Ahora bien, eso no solo no es aplicable a todas las religiones (piénsese en las sociedades budistas o confucianas, por ejemplo, que René Girard no ha estudiado), sino que estoy convencido de que el fenómeno religioso no puede ser reducido a la mera función de gestión de la violencia. Me he referido antes a la muerte y la experiencia de lo sagrado. Me parecen explicaciones muy decisivas del nacimiento y la perpetuación del fenómeno religioso.

El culto a los antepasados

Otra consecuencia de la sedentarización: el culto a los antepasados. Los seres humanos comenzaron a venerar las almas de quienes les habían precedido. Se han encontrado en Anatolia y cerca de Jericó numerosos cráneos pintados y adornados con conchas, que datan de unos 7 000 años antes de nuestra era y eran objeto de un culto doméstico. Esos cráneos expresan de modo sobrecogedor la presencia del ausente. Debían de considerarse como el soporte del espíritu del difunto que se veneraba y al que sin duda se pedía también ayuda. Eso corresponde a un cambio muy importante de las mentalidades vinculado a la transformación del modo de vida. Mientras que para las pequeñas tribus nómadas de cazadores los viejos eran un estorbo, con la sedentarización el anciano no es ya una carga para el grupo, sino que se convierte en un sabio, "el que sabe", y, cuando muere, se le atribuye un estatuto casi divino, el de antepasado. Se advierte, sin embargo, que cuando las grandes ciudades crecen y se convierten en reinos, como en Mesopotamia o en Egipto, el culto a los antepasados tiende a desaparecer en beneficio únicamente del culto a los dioses. En cambio, subsiste en numerosos parajes de Asia, Oceanía o África, donde ha perdurado el sistema de pequeñas tribus sedentarias. La única gran civilización donde jamás ha desaparecido, y donde sigue estando muy vivo, es China.

3. ¿Inventaron los judíos el monoteísmo?

Hemos pasado, pues, de los espíritus de la Naturaleza a la Gran Diosa y, luego, a los dioses masculinos. Pero... ¿cómo pasamos de los innumerables dioses al Dios único? Entre el politeísmo y el monoteísmo existe, de hecho, una etapa intermedia: el henoteísmo. Se trata de la jerarquización de los dioses, que se hizo necesaria por las grandes conquistas. Mientras las ciudades son autónomas, cada una de ellas tiene su propio panteón, respondiendo cada dios a funciones concretas: diosa de la fecundidad, dios de la guerra, dios del agua, dios del trueno, etcétera. Luego, gracias a las conquistas, las ciudades se harán mayores y se convertirán en reinos e imperios. Eso se inicia hacia el 3000 antes de nuestra era en Mesopotamia, en China, en Egipto y prosigue durante el primer milenio antes de nuestra era con los persas, los partos, los griegos y los romanos. Cada vez que un reino hace una nueva conquista integra en sus propios dioses los del reino conquistado e impone los suyos. Progresivamente, el panteón se vuelve pletórico y los imperios se ven confrontados a la abundancia de dioses. Se plantea entonces la cuestión de su jerarquía: ¿hay un dios superior a los demás?

Realeza celestial y realeza terrenal

Esta cuestión se plantea con mayor agudeza cuando los reinos terrenales, para mantener su unidad, necesitan un jefe único: el rey o el emperador. Se supone entonces que debe existir también en el Cielo un dios que gobierne a todos los demás. Y la estrecha relación, la filiación incluso, del soberano con esta divinidad suprema le da, más aún, fuerza y legitimidad. Así sucede con el faraón en Egipto o el emperador de China, que es hijo del cielo. Más tarde, los romanos retomarán a su vez el carácter divino del emperador. Hay, pues, colusión entre la cabeza del poder terrenal y la cabeza del poder celestial. La religión vive gracias a lo político y lo político obtiene su legitimidad de la religión: «Del Cielo, la realeza descendió sobre mí», hace grabar en una tablilla el rey de Ur a comienzos del segundo milenio antes de nuestra era. Es necesario, pues, distinguir un dios supremo con el que está estrechamente asociado el soberano, y al que todo el pueblo debe rendir culto. Será el dios Anu en Mesopotamia, Amón en Egipto, Zeus en Grecia, Baal en Fenicia, etcétera. Pero también están las divinidades locales, de modo que se establece progresivamente, a medida que van desarrollándose las ciudades-Estado que poseen una escritura (aparecida hacia 3 000 antes de nuestra era) y una administración central, una jerarquización de los dioses con, en la cima, una divinidad nacional. No puede hablarse aún de monoteísmo, puesto que esa divinidad suprema tolera la existencia de otras que le están sometidas. Se han inventado los nombres de "monolatría" y "henoteísmo" para calificar ese importante momento de la historia de las religiones, cuando numerosas civilizaciones pasaron de un politeísmo desordenado a un politeísmo organizado y jerarquizado, preludio del monoteísmo.

Hipótesis sobre las primeras formas de monoteísmo

Algunos autores afirman que el culto a la Diosa-Madre, que dominó todo el mundo mediterráneo, europeo e indio durante varios milenios antes de que se desarrollaran las grandes civilizaciones antiguas, es la expresión de una creencia monoteísta. Sin embargo, la ausencia de rastros escritos dificulta el conocimiento de este culto y, al parecer, no fue exclusivo, sino que cohabitó con otros cultos, como el de los antepasados y los espíritus naturales, antes de ser vencidos por el politeísmo más codificado de las ciudades-Estado.

Otros autores, más antiguos, formularon la idea de una creencia monoteísta universalmente extendida antes de la invención del politeísmo, en el Neolítico. Ya a finales del siglo XIX, varios misioneros cristianos observan que existe en numerosas religiones llamadas "primitivas", en Asia, en América o en África, la huella de una creencia en un Dios único oculta tras el copioso culto a los antepasados y a los espíritus. Es el Gran Espíritu de los indios de América del Norte o la lejana divinidad, pocas veces nombrada, de numerosas etnias africanas. Según el lingüista y misionero católico Wilhelm Schmidt, que desarrolló esta tesis en *El origen de la idea de Dios* (1912), los hombres de la prehistoria habrían adorado todos a un Dios único antes de que este, al volverse demasiado abstracto y lejano, se esfumara ante el culto más accesible de los espíritus y los antepasados, de los dioses y diosas, luego, resurgiendo más tarde en forma de revelación en el antiguo judaísmo. Aunque esta tesis coincida con algunos mitos antiguos –como el del alejamiento del gran dios mesopotámico Anu, que a fuerza de rodearse de una numerosa corte de divinidades inferiores terminó siendo olvidado por los humanos–, se apoya en indicios demasiado débiles y parece en exceso inspirada por la propia creencia religiosa de sus partidarios para poder ser autoridad.

Mostrémonos, pues, muy prudentes y, en el actual estado de nuestros conocimientos, mejor pensar que el monoteísmo se remonta al decimocuarto siglo antes de nuestra era, a la breve experiencia del faraón Amenhotep IV, convertido en Akenatón. Aquella brutal revolución solo se mantuvo durante el reinado de aquel monarca. En cuanto falleció, su hijo, Tutankamón, por la poderosa presión del clero del dios Amón, regresó al henoteísmo y la experiencia monoteísta de su padre no dejó huella alguna en Egipto.

Moisés y los hebreos: entre mito e historia

¿Influyó esta experiencia en Moisés? El historiador nada cierto puede decir sobre Moisés, pues solo la Biblia, el libro santo de los judíos, habla de él. Ahora bien, la Biblia es un conjunto heteróclito –una mezcla de mitos, relatos históricos más o menos comprobados, poemas, plegarias, textos sapienciales y textos proféticos– y la crítica histórica moderna ha permitido establecer que la Biblia comenzó a escribirse hacia el siglo VII antes de nuestra era, a partir de tradiciones orales. Eso hace que resulte problemática la validez de personajes y acontecimientos históricos que habrían sucedido, según las cronologías bíblicas, seis siglos antes (historia de Moisés) o incluso doce siglos antes (Abraham). Lo que en nada disminuye la fuerza espiritual y simbólica de estos relatos. Pero tomárselos al pie de la letra es imposible desde un punto de vista histórico y racional. Sus personajes tal vez existieron, pero... ¿cuándo? ¿Y qué sabemos realmente de su vida?

La arqueología puede atestiguar con certeza la existencia de un reino de Israel gracias a una estela del faraón Meneptah, hacia el 1 200 antes de nuestra era, en la que se grabó: «Israel ha sido aniquilado y no tiene ya simiente». Luego, una estela aramea del siglo IX antes de nuestra era menciona «la casa de David», atestiguando así la existencia de la realeza davídica, lo que corresponde a las excavaciones arqueológicas llevadas a cabo en Jerusalén que fechan la fundación de la ciudad de David en los aledaños del siglo X. Pero se trataba, por aquel entonces, más de un pequeño villorrio que de una ciudad resplandeciente, y no hay rastro alguno del famoso y gigantesco Templo que Salomón, el hijo del rey David, habría edificado a la gloria de Yavé. Según los arqueólogos, probablemente fuera de pequeñas dimensiones y se reconstruyera varias veces en el curso de los siglos.

Históricamente, cierto es que existe, a finales del segundo milenio antes de nuestra era, un pequeño reino de Israel cuyo rey David fundó la capital en Jerusalén al iniciarse el primer milenio y que este reino se escindirá rápidamente en dos: el reino de Israel al norte y el de Judá al sur, alrededor de Jerusalén. En el año 721 antes de nuestra era, el rey Sargón de Asiria conquista el Reino del Norte. Luego, en el año 587, el rey de Babilonia, Nabucodonosor, conquista el reino de Judá, arrasa el Templo de Jerusalén y deporta las élites religiosas e intelectuales judías a su capital. Permanecen allí en exilio durante unos 50 años hasta que el rey Ciro el Grande, fundador del imperio persa, toma Babilonia y permite a los judíos regresar a Jerusalén, donde reconstruyen el Templo.

El exilio y la escritura de la Biblia

Este exilio es absolutamente decisivo en la historia del pueblo judío pues lo lleva a interrogarse en profundidad en lo referente a su identidad y a la amenaza que gravita sobre su existencia. Fue entonces cuando los escribas prosiguieron y concluyeron la escritura de la Biblia, iniciada poco antes del exilio, y especialmente los cinco primeros libros que componen la Ley o Torá: el Génesis, el Éxodo, los Números, el Deuteronomio y el Levítico. Estos libros cuentan el nacimiento del mundo y la antigua historia del pueblo judío. Se habla entonces de los "hebreos" pues la palabra "judío" es un derivado tardío de la palabra "judeo", los habitantes de Judea, descendientes de los hebreos. Cuentan la historia de los patriarcas Adán, Noé, y luego Abraham –el antepasado de los hebreos– y sus descendientes: Isaac y Jacob. Este adoptará el nombre de Israel y sus doce hijos serán los fundadores de las doce tribus de Israel. Cuenta por fin la historia de la deportación del pueblo hebreo a Egipto y de su liberación por Moisés, que les entregará la Ley divina (los famosos diez mandamientos). Describen también todos los rituales que deben practicarse y todas las reglas que deben obedecer los judíos. Insisten en el carácter estrictamente monoteísta de la fe judía, pero llevan la huella de las creencias politeístas o henoteístas de Abraham. Estas subsisten en el seno del pueblo de Israel no solo en tiempos de Moisés (puede verse con el episodio del becerro de oro al que el pueblo rinde culto mientras Moisés ha ido a la montaña para encontrarse con Yavé), sino también hasta el exilio en Babilonia, puesto que los últimos libros históricos de la Biblia, el de los Reyes y las Crónicas, escritos después del exilio, relatan que el pueblo no deja de regresar a la idolatría y que por esa razón Dios lo entregará a sus enemigos. Como puede advertirse, la propia Biblia –confirmando las pocas fuentes históricas, textuales y epigráficas externas– muestra que el monoteísmo es fruto de un largo proceso secular. Haya sido predicado mucho antes o no, de todos modos, verdaderamente, solo en los aledaños del siglo v antes de nuestra era se impone definitivamente en el seno del judaísmo, en el momento en que las antiguas tradiciones orales acaban de ser puestas por escrito y el pueblo judío, que ha estado a punto de desaparecer, se interroga acerca de su identidad. Se otorga entonces una legitimidad política y religiosa esencial: a pesar de su escaso número, y de todas sus vicisitudes, es el pueblo elegido por el Dios único.

Aunque bajo el dominio persa, los judíos pueden practicar libremente su religión. Hacia 400 antes de nuestra era, Esdras inicia una nueva reforma religiosa. Prohíbe los matrimonios con mujeres extranjeras y codifica definitivamente las leyes sobre lo puro y lo impuro (603 mandamientos) que siguen en vigor aún, hoy, en el judaísmo ortodoxo. Por tanto, solo en esa época la Torá acaba de escribirse. Poco tiempo después, mientras la Biblia sigue enriqueciéndose con nuevos libros, nace el Talmud llamado "de Babilonia", compendio de reflexiones e interpretaciones de la Torá. La casta sacerdotal aumenta su poder y el Templo de Jerusalén es restaurado por Herodes el Grande poco antes del nacimiento de Jesús. Es destruido el año 70 de nuestra era por los ejércitos romanos de Tito y el judaísmo se perpetúa entonces en la diáspora. Los sacerdotes y los sacrificios desaparecen con el Templo. Les suceden los rabinos que leen, interpretan y verifican la observancia de la Torá en las sinagogas extendidas por todo el mundo. Entretanto, el monoteísmo judío dará a luz una nueva religión que otorgará al Dios único de los judíos un carácter mundial: el cristianismo. Pero esta es otra historia...

Del porqué la Biblia no puede leerse de modo literal

Podemos preguntarnos por qué, cuando estos hechos están sólidamente establecidos por la comunidad científica, se sigue leyendo un poco por todas partes que el monoteísmo judío data del segundo milenio antes de nuestra era, que Abraham habría vivido hacia el 1800 a. de C. y que Moisés habría liberado a los hebreos hacia 1250 a. de C. Estas cronologías fueron establecidas por los creyentes a partir de la Biblia. Marcaron tanto nuestra civilización judeo-cristiana que cuesta prescindir de ellas, aunque no se sea religioso. Tantas novelas, tantas películas –como *Los diez mandamientos* de Cécil B. DeMille– impregnan nuestro patrimonio cultural que esas ideas persisten aunque hayan sido derrotadas por la crítica histórica hará muy pronto dos siglos, y desmentidas por las investigaciones arqueológicas desde hace varios decenios. A los historiadores no puede bastarles el relato bíblico sin otras fuentes exteriores. Tal vez Abraham y Moisés existieron, algo de lo que dudan numerosos historiadores, pero su historia no puede, sea cual sea, tomarse de manera literal. Al menos por tres razones. En primer lugar, no se encuentra documento alguno entre los egipcios que mencione la presencia de los hebreos, la existencia de las diez plagas enviadas por Dios (las aguas convertidas en sangre, las invasiones de ranas, moscas, mosquitos, la muerte del ganado, la peste, el granizo, las langostas, las tinieblas y la muerte de todos los primogénitos) y luego su fabulosa liberación por Moisés y la destrucción del ejército del faraón tragado por las aguas del mar. Es sorprendente en un pueblo que anotaba los acontecimientos climáticos y sociales importantes, al igual que el menor hecho político y militar, ya fuese favorable o desfavorable por otra parte. Tanto más cuanto, según la Biblia, fueron 600 000 las familias hebraicas que así huyeron, algo que no pasa desapercibido para una población egipcia estimada por los arqueólogos en menos de 3 millones de habitantes.

Luego encontramos –en el texto bíblico– numerosos préstamos de relatos o leyendas persas, asirios o mesopotámicos atestiguados antes de que se pusieran por escrito los relatos bíblicos. Así, el relato del diluvio y del arca de Noé es casi una copia literal de un texto mesopotámico, el *Poema del Supersabio*, escrito hacia 1700 antes de nuestra era y retomado, algunos siglos más tarde, en la famosa *Epopeya de Gilgamesh*, que los hebreos conocieron durante su deportación en Babilonia. Asimismo, el relato del Moisés salvado de las aguas se tomó de la leyenda de Sargón de Akkad (-2296/-2240), abandonado en las aguas del río cuando nació. Se advierten también numerosos préstamos teológicos (los ángeles, el Mesías-salvador, el juicio final) tomados de la tradición zoroástrica descubierta por los deportados en la corte del rey persa Ciro el Grande. Finalmente, desde hace unos 50 años, las numerosas excavaciones arqueológicas llevadas a cabo en Israel han derribado por completo el relato de la conquista de la tierra prometida tal como se realiza en la Biblia, especialmente en el libro de Josué. El libro cuenta por ejemplo cómo las célebres murallas de Jericó se derrumban por la voluntad divina después de los siete desfiles del Arca de la Alianza y de siete sacerdotes tocando chofares (trompetas) alrededor de la ciudad, durante siete días. Ahora bien, las excavaciones arqueológicas llevadas a cabo por Kathleen Kenyon a finales de los años 1950 revelaron que en el período de la supuesta conquista israelita (segunda mitad del siglo XIII antes de nuestra era) las murallas e, incluso, la ciudad entera habían sido arrasadas desde hacía más de dos siglos por los egipcios de la decimoctava dinastía. Josué conquistó, pues, una ciudad que no existía. Todas las excavaciones ulteriores, popularizadas por el *best-seller* del célebre arqueólogo israelí Israël Finkelstein, *La Biblia desenterrada* (2002), han echado por tierra las representaciones tradicionales de la conquista del país de Canaán (la antigua Palestina romana) y de la instalación de los hebreos, así como del desarrollo de la monarquía. Aunque el rey David haya existido realmente, era solo el jefe de un pequeño clan. Por lo que se refiere al esplendor del Templo construido por su hijo Salomón, se trata de un mito más tardío, aparecido probablemente durante el reinado de Josías (inicios del siglo VII), precisamente cuando la Biblia comienza a escribirse.

La fe ante el desafío de la crítica histórica

Se ve llegar la objeción: si todos estos relatos están constitui-
dos, sobre todo, por mitos y préstamos, eso significa, pues, que
la fe de los judíos no descansa sobre una revelación divina, sino
sobre invenciones humanas. Además, habría que precisar que
es la fe de los judíos y de los cristianos, pues estos absorbieron
por completo en sus Escrituras la Biblia hebraica, a la que cali-
ficaron de "Antiguo Testamento", palabra que significa "alianza". Pues la Biblia cuenta fundamentalmente la historia de una
alianza entre Dios y la humanidad (Adán y Noé), luego entre
Dios y el pueblo hebreo por medio de la promesa que Dios hizo
a Abraham de darle una innumerable descendencia y una tierra,
el país de Canaán. Las Escrituras cristianas (los cuatro Evangelios, los Hechos de los Apóstoles, las Cartas de Pablo, el Apocalipsis, etcétera) forman por su parte el "Nuevo Testamento",
pues los cristianos piensan que Dios selló una nueva alianza
con la humanidad en la persona de Jesucristo. El Antiguo y el
Nuevo Testamento forman la Biblia cristiana y los cristianos
dan mucha importancia a todos los relatos bíblicos del Antiguo Testamento. Porque Jesús era judío y creía en las Sagradas Escrituras de su pueblo, pero también porque se cree que
anuncian la llegada del Mesías, el elegido de Dios y el libertador de Israel, que los discípulos de Jesús reconocieron en su
maestro.

La crítica moderna afecta, pues, no solo a los judíos, sino
también a los cristianos. ¿No socava, acaso, el propio funda-

mento de la fe al cuestionar la historicidad del relato bíblico? De hecho, no niega toda base histórica a los relatos de los orígenes de Israel. Es imposible saber si esos textos fueron inventados por completo para formar un "gran relato de los orígenes" y, por tanto, una legitimidad religiosa y política a la historia del pueblo judío, o si proceden de tradiciones orales muy antiguas basadas en hechos históricos reales. Probablemente la verdad se encuentre entre ambos extremos. Abraham y Moisés tal vez existieron, pero su vida fue en gran parte inventada. Quizás los hebreos conocieron un período de esclavitud en Egipto, del que habrían salido conducidos por un jefe carismático llamado Moisés; pero, en ese caso, solo eran unos centenares de familias y su partida se llevó a cabo sin llamar la atención de la aristocracia egipcia y, menos aún, del faraón. Se instalaron luego en tierra de Canaán sin una triunfal conquista militar y, con bastante rapidez, tras el reinado de David, en los aledaños del siglo x, se dividieron en dos reinos: el de Israel al norte y el de Judá al sur, alrededor de Jerusalén. He contado ya la continuación de la historia –perfectamente documentada esta vez por fuentes literarias bíblicas, extrabíblicas y arqueológicas– de la caída de los dos reinos, de la deportación a Babilonia y de la reconstrucción del Templo al regreso del exilio. En ese período tardío que va del siglo v al siglo ii antes de nuestra era se fija la identidad judía, alrededor de la Torá –la Ley– y del Templo de Jerusalén, tal como la conocerá Jesús algunos siglos más tarde. Por tanto, yo no diría que la crítica moderna hace imposible la lectura de la Biblia sino, simplemente, su lectura literal. Probablemente existe un fondo histórico en algunos de los acontecimientos que se cuentan, pero los narradores se tomaron muchas libertades con la historia. Por razones políticas y espirituales. Políticas, pues la Biblia intenta dar legitimidad a Israel y su reino. Espirituales, en la medida en que estos acontecimientos pueden leerse no ya simplemente, en el sentido literal, sino también con un sentido simbólico y espiritual más profundo. Por ejemplo, la historia de Adán y Eva en el jardín del Edén es un mito que sin duda no tiene fundamento histórico alguno, pero que pretende decir algo profundo sobre la humanidad en su vínculo con Dios: que el ser humano se encuentra actualmente en estado de exilio con respecto a Dios, que es su fuente, porque está separado de Él. Dios se revela al hombre para ayudarle a restaurar el vínculo roto: esa es la trama fundamental de la Biblia. La historia de Abraham, aunque el personaje no haya existido forzosamente, es también rica en enseñanzas espirituales porque Abraham es el arquetipo del creyente. He aquí un hombre que vive en Mesopotamia, en la ciudad de Ur, y a quien Dios pedirá que lo abandone todo, su familia y la tierra de sus antepasados, para dirigirse a una tierra desconocida, la famosa tierra prometida. Siendo ya de edad avanzada, Abraham obedece a Dios. Luego, Dios le promete una innumerable descendencia aunque su mujer, Sara, es estéril y muy mayor ya. Pero confía en Dios y Sara da a luz a Isaac. Luego, unos años más tarde, como hemos visto, Dios pide a Abraham que inmole a su hijo, a ese hijo de la promesa, algo que resulta tan absurdo como cruel. Pero Abraham sigue obedeciendo a Dios y se dispone a sacrificar a su hijo cuando un ángel detiene su brazo: Dios se lo prohíbe. Podemos ver en estos episodios una metáfora de la fe: el auténtico creyente cambia de vida, debe estar dispuesto a renunciar a su familia, a sus vínculos sociales, para dirigirse hacia una tierra desconocida, la de la búsqueda espiritual que forzosamente le desestabiliza. Confía siempre en Dios a pesar de las apariencias y los obstáculos. Y Dios, que ha puesto a prueba su fe, le muestra que sigue siendo fiel a "su" promesa y transforma su mirada mostrando que la verdadera fe no exige sacrificios sangrientos, como pretendían las religiones predominantes en aquella época.

Lo mismo ocurre con el Éxodo. Aunque la historia de Moisés tiene un débil substrato histórico, habla sobre todo de liberación interior. Egipto representa el mundo del sometimiento al pecado, y la Tierra prometida es el símbolo del Reino de Dios, es decir, de un mundo liberado del mal y del pecado. El pueblo hebreo errando por el desierto durante 40 años (cifra simbólica que se encuentra también en numerosas tradiciones religiosas) puede percibirse como el camino iniciático por el que Dios conduce a cada creyente de la esclavitud a la libertad, educándolo por la Ley (los diez mandamientos recibidos por Moisés en el monte Sinaí), poniéndolo a prueba y consolándolo. Podemos hacer así una lectura espiritual y simbólica de la mayoría de los relatos de la Biblia, pues las historias que en ella se cuentan son impresionantes, universales y pueden conmovernos aún.

Los salmos, por ejemplo, esas magníficas plegarias, son aún recitados por los judíos religiosos, y también, diariamente, por los religiosos católicos de todo el mundo que leen íntegramente los salmos en sus oficios durante una semana. El Cantar de los Cantares es uno de los más antiguos y de los más hermosos poemas de amor de la humanidad, con fuerte carga erótica. Algunos libros sapienciales, como el *Qohelet*, ofrecen una profunda meditación sobre la vida. La Biblia está llena de tesoros literarios, de historias palpitantes, de textos preñados de sentido. Pero es hoy racionalmente imposible hacer de ella una lectura puramente literal, al modo de los fundamentalistas judíos y cristianos que afirman que Dios creó el mundo hace menos de 6000 años, que Moisés es el autor único de la Torá (el relato de su propia muerte se incluye, por lo demás, al final de la Torá, lo que plantea un insoluble problema a los fundamentalistas) y que atravesó el mar Rojo a pie, sin mojarse, a la cabeza de 600000 familias.

La violencia en el Antiguo Testamento

Añadiré que, además de la crítica histórica y arqueológica, en el seno de la Biblia hay también numerosas contradicciones que hacen absurda su lectura literal, como algunos versículos particularmente violentos que, tomados en primer grado, convierten a Dios en un ser de excepcional crueldad, que por ejemplo mata a todos los primogénitos de Egipto para castigar al faraón que se obstina en mantener en esclavitud a los hebreos. Por lo que se refiere a Moisés y sus sucesores, no se privan de ordenar numerosas matanzas en nombre de Dios durante las guerras contra los infieles o la conquista de la tierra prometida. Así, durante una expedición de castigo contra los madianitas, Moisés monta en cólera porque sus comandantes, dominados por la compasión, han respetado la vida de las mujeres y los niños. Les dice: «Matad a todos los niños varones. Matad también a todas las mujeres que han conocido varón compartiendo su yacija. Dejad vivas solo a las niñas que no hayan conocido el lecho de un hombre, y que sean para vosotros» (Números, 31, 17). Una lectura histórica y literal de la Biblia convierte así a Moisés en un criminal que no solo incita a matar a mujeres y niños, sino también a violar a las niñas. Y me sería posible multiplicar así los ejemplos.

Estructura de la Biblia

Sin embargo, no todos los textos de la Biblia, ni mucho menos, son violentos. Lo que hoy denominamos Biblia es un compendio de textos muy variados. La mayoría de los textos fueron escritos en hebreo y algunas páginas en arameo, que se convirtió en la lengua corriente del pueblo judío al regresar del exilio. Por aquel entonces, no se habla todavía de Biblia sino de Tanaj, palabra formada con la primera letra de las tres palabras hebreas que significan Ley (*Torah*), Profetas (*Nebiim*) y Escritos (*Ketuvim*). Las Escrituras judías se recogen así en tres grandes grupos. El Tanaj fue traducido al griego en el siglo III antes de nuestra era por eruditos de la comunidad judía de Alejandría. Adoptará el nombre de Setenta pues, según la leyenda, setenta sabios participaron en la traducción. Por aquel entonces aparece la palabra "*ta biblia*", palabra neutra plural que significa "los libros", con referencia a la ciudad fenicia de Biblos, donde se vendía el papiro importado de Egipto necesario para los libros. Pero los judíos, como los primeros cristianos, utilizan la expresión "las Escrituras", y solo en la Edad Media el término latino "*biblia*", como singular femenino, se impondrá para hablar de las Escrituras judías y cristianas. Interesa advertir que aunque los cristianos hayan conservado íntegramente el Tanaj, cambiaron el orden de los tres grandes grupos: empiezan también por la Ley, pero colocaron a los Profetas después de los Escritos, justo antes de los textos del Nuevo Testamento, para insistir en el hecho de que Jesús era anunciado por los anteriores profetas. Es el último profeta enviado por Dios, su Mesías.

Los manuscritos del mar Muerto

Muchos se plantean la cuestión de saber si el descubrimiento de los famosos manuscritos de Qumrán, a partir de 1948 cerca del mar Muerto, ha proporcionado revelaciones sobre la datación o la redacción de las Escrituras judías y cristianas. De las cristianas no, pues ninguno de esos textos se refiere a Jesús, puesto que fueron escritos entre el siglo III antes de nuestra era y los primeros inicios de nuestra era, cuando Jesús no había comenzado todavía su predicación. Se trata de textos únicamente judíos, escritos con mucha probabilidad por la famosa comunidad de los esenios, de la que habla el historiador judío Flavio Josefo hacia finales del primer siglo en sus *Antigüedades judías*. Estos manuscritos se encontraron dentro de unas jarras selladas en algunas grutas, justo al lado de las ruinas esenias. Numerosos textos se refieren a su vida cotidiana y a sus reglas religiosas, pero se han encontrado también, y eso es lo que más apasionó a los especialistas de la Biblia, extractos de casi todos los libros del Tanaj, los más antiguos de los cuales se remontan al siglo III antes de nuestra era –lo que confirma que la Biblia hebraica estaba ya constituida por aquel entonces, cuando algunos historiadores afirmaban que había sido concluida a comienzos del primer siglo antes de nuestra era–. La Biblia hebraica en hebreo, la más antigua que hasta entonces se poseía, databa del siglo X de nuestra era: de pronto se descubrió un manuscrito casi completo de la Biblia que le era anterior en 1 000 años. Eso convierte a Qumrán en uno de los mayores descubrimientos arqueológicos de todos los tiempos. Pero no hay allí revelación particular alguna que cuestione las historias contenidas en la propia Biblia... y menos aún en lo referente a la vida de Jesús, a pesar de lo que afirma Dan Brown en su *Código Da Vinci*.

¿Es la Biblia palabra de Dios?
Pluralidad de las interpretaciones

Teniendo en cuenta la crítica moderna, ¿cómo puede considerarse aún la Biblia como palabra de Dios? Los creyentes pueden decir –y lo hacen, a excepción de los fundamentalistas– que la Biblia no es un libro escrito y dictado por Dios, sino *inspirado* por Dios y que exige ser interpretado. Algunos pasajes pueden comprenderse en un primer nivel y otros exigen una interpretación simbólica o espiritual. Los creyentes más abiertos a la crítica moderna van más allá y piensan que, aunque algunos libros y pasajes de la Biblia sean inspirados por Dios, otros son solo fruto de una ideología de conquista política.

Y lo que vale para los cristianos, vale también para los judíos. Estos no mantienen el mismo discurso según la corriente a la que pertenezcan. La corriente histórica más antigua es la llamada "ortodoxa" que deja poco espacio a la crítica histórica moderna. Esta corriente sigue siendo tributaria de una concepción tradicional, bien resumida por el gran pensador Maimónides en el siglo XII, y según la cual «la Torá procede de los cielos, es decir que creemos que toda esa Torá que está ahora en nuestras manos es la Torá que fue entregada a Moisés, y que procede por entero de "la boca de Dios"». Ya hemos visto que semejante posición se ha hecho insostenible en nuestros días debido a los conocimientos filológicos, históricos y arqueológicos. Había sido ya derrotada, además, por el filósofo Baruch Spinoza en el siglo XVII, algo que le valió ser violentamente excluido de la sinagoga. Pero sigue siendo sostenida por la mayoría de los rabinos de la corriente ortodoxa que afirman que renunciar a ella acabaría arruinando el fundamento de la fe judía.

El judaísmo reformado, que nació en Europa siguiendo la Ilustración, es el más abierto a la crítica histórica y considera que cada judío puede interpretar libremente, de modo literal o simbólico, la Torá y que la observación de los *mitzvot* (mandamientos divinos) no constituye lo esencial de la religión judía, que es ante todo una exigencia ética. El movimiento reformado insiste también en la revalorización de la mujer. Hoy, los distintos movimientos llamados del "judaísmo liberal", herederos contemporáneos del judaísmo reformado, aceptan por ejemplo que las mujeres sean rabinos, algo impensable para los judíos ortodoxos. En cambio, el "*conservative judaïsm*", bastante poderoso en los Estados Unidos, que en Europa se denomina el movimiento masorti (del hebreo *masoret*, "cadena, tradición"), nacido a comienzos del siglo xx, se pretende a la vez tradicional y moderno. Tradicional porque considera, al igual que los ortodoxos, que el judaísmo descansa esencialmente en la observación de los *mitzvot* como órdenes divinas. Y moderno porque admite que la Torá no descendió del cielo tal cual, sino que es fruto de un complejo proceso literario e histórico, de una interacción entre la palabra divina y la interpretación humana. Dicho de otro modo, aunque la Torá no fuese dictada literalmente por Dios a Moisés, aunque sea obra de numerosos autores y el fruto secular de la meditación de los ancianos de Israel, aunque tome prestado de otras tradiciones exteriores, expresa una muy real intención divina. Mientras que la mayoría de los ortodoxos están petrificados en una postura fundamentalista, los liberales y los masorti admiten el lugar esencial de la meditación humana en la elaboración de la Torá y consideran que la Revelación es un proceso histórico en el que inspiración divina y contextualización humana se imbrican necesariamente.

Hay, claro está, numerosos judíos ateos, agnósticos o creyentes no practicantes, pero entre los religiosos/practicantes, los ortodoxos que abogan por una lectura fundamentalista de la Biblia siguen siendo mayoritarios, tanto en Israel como en Europa o en los Estados Unidos. La mayoría de ellos rechazan en bloque la crítica histórica y no pueden tolerar la idea de que Moisés no haya escrito la Torá al dictado de Dios. Exactamente como los fundamentalistas musulmanes, muy mayoritarios también, afirman lo mismo en lo referente a Mahoma y el Corán.

Los cristianos hicieron también durante mucho tiempo una lectura fundamentalista de la Biblia. Pero en nuestros días ya no es así para una gran mayoría, a excepción de los integristas católicos y los protestantes evangélicos fundamentalistas. Eso se debe al hecho de que la crítica histórica moderna nació en la cultura cristiana. La mayoría de los pioneros de la crítica bíblica eran pastores protestantes o teólogos católicos. Algunos toparon con la Iglesia. Pero estos evolucionaron y, en nuestros días, las Iglesias católica y protestante han integrado perfectamente la mayoría de las adquisiciones de la crítica histórica. Se limitan a afirmar, como los judíos liberales o los masorti, que Dios no dictó literalmente, sino que inspiró las Sagradas

Escrituras, que no deben ser leídas de un modo literal. En su última obra sobre Jesús, el propio papa Benedicto XVI da un buen ejemplo de la utilización de la exégesis crítica en su lectura de los Evangelios. No deja de indicar que determinada palabra de Jesús es, probablemente, un añadido tardío, que otra por el contrario da muy probables garantías de autenticidad, etcétera. En resumen, está perfectamente impregnado de la crítica racional de la Biblia, en la que se han formado hoy todos los teólogos católicos y protestantes. Y todo ello a la inversa de la mayoría de los rabinos judíos ortodoxos y de los imanes musulmanes que siguen haciendo una lectura fundamentalista tradicional de sus Escrituras, sin duda por miedo a que todo el edificio se derrumbe. En los años 1960 se pudo asistir de este modo a un memorable episodio que marcó profundamente a la comunidad judía anglófona. Uno de los principales rabinos ingleses, Louis Jacobs (muerto en 2006), formado en la estricta ortodoxia, vio cómo le negaban su nombramiento para la dirección del Jews College (seminario que forma a los rabinos ingleses) por un veto del Gran Rabino de Inglaterra, solo por el hecho de que tomaba en cuenta algunos aspectos de la crítica histórica moderna y podía así contaminar a los futuros rabinos, inculcándoles por ejemplo que las Escrituras atestiguan la percepción humana de lo absoluto y no su expresión inmediata. Jacobs fue víctima de tales ataques que tuvo que romper con la ortodoxia para convertirse en la figura-faro del judaísmo masorti, al que consideraba la corriente ilustrada del judaísmo tradicional.

Judaísmo y zoroastrismo

Una importante cuestión divide a los historiadores de las religiones: dejando aparte la breve experiencia de Akenatón en
Egipto, ¿son los judíos los inventores del monoteísmo? Ya hemos visto que la creencia monoteísta judía no puede ser documentada hasta los siglos VII-V antes de nuestra era, es decir, en
los aledaños de la deportación a Babilonia de las élites del judaísmo. En aquel preciso momento se impone el culto al Dios
único. Yavé no es ya solo una divinidad nacional, la de los judíos, que cohabita con muchas otras divinidades: se convierte
en el único Dios verdadero, creador del mundo. Ahora bien,
hoy sabemos que otra religión monoteísta nació aproximadamente por aquel entonces en Persia: el zoroastrismo. Ahura-
Mazda (literalmente la "existencia que posee la sabiduría") es
el Dios único de la religión mazdeana fundada por Zaratustra
(Zoroastro en griego). Los poemas (o cantos) que se le atribuyen, los *Gathas*, son hermosísimos textos que se consiguieron
traducir a mediados del siglo XIX. Atestiguan una religión estrictamente monoteísta, aunque se inscriba en un dualismo ético al plantear el combate entre el bien y el mal como condición
fundamental de la vida. Ahura-Mazda es presentado como el
Dios único, creador del mundo. Pero, a diferencia del Dios de
la Biblia, necesita a sus criaturas para concluir su creación que
es imperfecta aún. Dios inspira la idea del bien y apoya los es-
fuerzos de todos los seres que aspiran a concluir la obra divina
hasta la perfección. El mundo tiende, pues, hacia un estado de

realización último de donde el mal y la muerte desaparecerán. A imagen de los profetas bíblicos, Zaratustra habla a Dios y Dios le responde. Estamos, por tanto, ante una tradición profética muy cercana a la tradición judía.

Saber cuál de ambas tradiciones es más antigua es muy discutible. Los zoroástricos datan el nacimiento de su profeta en 1778 antes de nuestra era, o antes aun. Pero si se aplica al zoroastrismo el mismo método histórico y crítico que al antiguo judaísmo, puede seriamente dudarse de esa antiquísima fecha. Es cierto que se han descubierto recientemente en Margadia, en el Turkmenistán, algunos templos zoroástricos que podrían datar del segundo milenio antes de nuestra era, pero no hay consenso acerca de esta datación. Puede así ponerse de relieve que el antiguo avéstico, la lengua en la que fueron redactados los *Gathas*, se parece mucho al sánscrito védico que data también del segundo milenio, pero este no es un argumento decisivo. Sabemos con certeza, gracias a algunas tablillas encontradas en Persépolis, que el culto a Ahura-Mazda existía ya a finales del siglo VI. ¿Vivió Zaratustra en aquella época o algunos siglos antes? Su nombre solo es mencionado por primera vez, en el siglo V, por el historiador griego Herodoto. No puede afirmarse, pues, como hacen los zoroástricos y algunos historiadores, que el zoroastrismo es la primera gran religión monoteísta de la humanidad pero, sin embargo, puede advertirse que, precisamente en el momento en que se forja el monoteísmo judío, otro monoteísmo se desarrolla a unos miles de kilómetros de Judea. Los judíos, por otra parte, estuvieron en contacto con el zoroastrismo durante su exilio en Babilonia y, sobre todo, durante su liberación por el rey persa Ciro II, en el año 539 antes de nuestra era. Este personaje los marcará tan profundamente que el profeta Isaías lo convertirá sin ambages en una figura mesiánica: «Así habla el Eterno a su Mesías, Ciro, a quien sujeta con la mano derecha para aplastar ante él a las naciones y para desarmar a los reyes...» (*Isaías*, 45, 1-3).

Resulta bastante divertido cuando se sabe que Ciro, que era de gran tolerancia y dejaba a los pueblos que había conquistado libertad de religión, se encontraba en una perspectiva henoteísta y no monoteísta, pues admitía la presencia de otros dioses junto a la de Ahura-Mazda. Se encuentran también en algunos libros bíblicos escritos después del exilio varios préstamos teológicos del zoroastrismo, como precisamente la noción mesiánica, pero también toda la angeología y la jerarquía angélica –los siete arcángeles, los ángeles custodios, etcétera– o también la idea de un fin del mundo y un juicio final en el que Dios juzgará a los vivos y a los muertos. Estos temas estarán tan vivos aún en el judaísmo tardío, el que conocerá Jesús, que impregnarán profundamente su enseñanza. Hasta el punto de que el cardenal Franz König, una de las mayores figuras del Concilio Vaticano II y antiguo arzobispo de Viena, un erudito muy al corriente de las religiones de la Antigüedad, no vaciló en afirmar en un coloquio celebrado en Teherán el 24 de octubre de 1976: «Quien desee comprender a Jesús debe partir del universo espiritual de Zoroastro».

La idea de un Dios único y creador se desarrolló, pues, paralelamente en dos religiones del mundo mediterráneo durante el primer milenio antes de nuestra era. ¿Por qué el judaísmo prevaleció sobre el zoroastrismo? Sin duda, por estas dos razones: la fuerza y la belleza del relato bíblico, y el éxito fulminante del cristianismo a partir del siglo IV de nuestra era, que en cierto modo mundializará al Dios bíblico de los judíos, al que se refiere.

La ruptura entre judíos y cristianos

Y sin embargo, los cristianos se separarán de los judíos y los perseguirán durante siglos. Jesús es judío y todos sus primeros discípulos lo son también. La ruptura entre los judíos y los judeo-cristianos (los primeros discípulos de Jesús) se produce durante los primeros decenios que siguieron a la muerte de Jesús, por una parte, porque numerosos judíos no reconocen a Jesús como el Mesías, por la otra, porque algunos jefes destacados de la nueva Iglesia cristiana, comenzando por Pablo, no quieren imponer las leyes judías a los nuevos conversos procedentes del paganismo. Para Pablo, la fe de Cristo es en adelante fuente de la salvación, y no la estricta observancia de la ley de Moisés. La ruptura entre judíos y cristianos se hace inevitable. Pero los cristianos, procedan del judaísmo o del paganismo, adoptan la Biblia judía a la que añaden sus propios escritos.

En cambio, rechazarán violentamente al pueblo judío, considerado en adelante como "el pueblo deicida" (la expresión data del siglo II) que mató a Jesús, el Hijo de Dios. Habrá que esperar hasta el siglo XX para que la Iglesia vuelva radicalmente la espalda a esta concepción errónea (fueron algunos sumos sacerdotes y no el pueblo en su conjunto quienes desearon la muerte de Jesús) y dramática, puesto que enseñó el odio y el desprecio hacia los judíos durante casi dos milenios. Afortunadamente, existen hoy numerosos movimientos judíos y cristianos que intentan restaurar la relación entre ambas religiones hermanas; el impacto del pontificado de Juan Pablo II fue, a este respecto, decisivo puesto que fue el primer papa que acudió a la gran sinagoga de Roma y pidió perdón al pueblo judío por los crímenes que habían cometido los cristianos. Numerosos teólogos cristianos trabajan en la rehabilitación del judaísmo en la teología cristiana y cada vez más judíos se interesan por la figura de Jesús, al que reconocen como suyo, sin por ello renunciar a su judaísmo. Todo eso resultaba inimaginable aún hace 50 años.

4. Jesús: Dios es amor

Jesús era, pues, un judío practicante vinculado a la Torá. Los cuatro Evangelios de Marcos, Mateo, Lucas y Juan cuentan cómo los grandes sumos sacerdotes de Jerusalén lo entregaron al procurador romano, Poncio Pilatos, para que lo condenara a muerte. ¿Por qué molestó tanto? Sabemos sobre esta cuestión principalmente a través de los Evangelios (la palabra significa "buena nueva"). Estos textos se escribieron a partir de relatos orales entre 40 y 70 años después de la muerte de Jesús, acontecida muy probablemente el año 30 de nuestra era. Los cuatro Evangelios fueron precedidos por las cartas de Pablo, escritas unos 20 años antes después de la muerte de Jesús. Pero Pablo no había conocido a Jesús. Era un judío erudito y fanático que perseguía a sus discípulos (al parecer participó en la lapidación de Esteban) y que de pronto se convirtió a la fe cristiana tras haber tenido una visión en la que Jesús le habría dicho: «¿Por qué me persigues?» (Hechos de los Apóstoles, 9). Convertido en un ardiente promotor del mensaje de Cristo, Pablo desempeñó un papel decisivo en la construcción de la fe cristiana por oposición a la ley judía, insistiendo en la fe y en el amor como los elementos más importantes de la práctica religiosa, en detrimento de la observancia de la ley. No obstante, Jesús nunca se distanció del judaísmo, aunque quisiera reformarlo con su mensaje de misericordia, de perdón, de amor opuesto al estricto legalismo.

La superación de la Ley por el amor

Para mí, el episodio más conmovedor es el de la mujer sorprendida en flagrante delito de adulterio: algunos escribas y fariseos le presentan aquella mujer recordándole que la Ley exige lapidarla. Quieren tenderle así una trampa, sospechando que se negará a suscribir la Ley. Jesús se agacha y escribe algo en el polvo. Luego se levanta y dice: «Que quien esté libre de pecado tire la primera piedra». Y Juan, que cuenta el episodio, nos dice que todos los acusadores de la mujer partieron uno tras otro «comenzando por los más viejos» (Juan, 8). Jesús viola también, a veces, la sacrosanta ley del Sabbat y come sin haber hecho las abluciones rituales; trata con los leprosos, las prostitutas, los samaritanos, con todos aquellos a quienes los hombres religiosos consideran "impuros". De hecho, hace estallar la distinción tradicional entre lo puro y lo impuro para afirmar que no se aplica a los objetos o a los estados de ciertas personas (mujeres en período de menstruación o infieles, leprosos, etcétera), sino a lo que brota del corazón del hombre: sus pensamientos y sus intenciones buenas o malas (Marcos, 7).

Sin romper nunca con el judaísmo, sin querer nunca abrogar la Ley, sin embargo la redefine en profundidad, algo que solo podía provocar su perdición.

El conflicto entre Jesús y los sumos sacerdotes

La mayoría de los profetas acaban mal, pues molestan y denuncian a las instituciones que ejercen el poder. El conflicto no es entre Jesús y el judaísmo, como se piensa aún a menudo erróneamente, sino entre Jesús y el poder religioso. Las autoridades religiosas de su época no podían entender un mensaje tan revolucionario. Se arriesgaban a perder su poder y los enormes beneficios obtenidos de los sacrificios en el templo que servían para la purificación. Beneficios contra los que Jesús se indignó con violencia: «Habéis convertido la casa de mi padre en casa de contratación» (Juan, 2, 16). Si añadimos a ello el hecho de que llamaba a Dios "mi Padre", presentándose así en una relación privilegiada con Dios, puede comprenderse muy bien que algunos sumos sacerdotes, como cuentan los Evangelios, hubieran tenido ganas de matarlo. Y puesto que les estaba prohibido hacerlo directamente apelan al poder romano ocupante, el único habilitado para imponer una pena capital.

Pablo, verdadero fundador del cristianismo

Pablo dio, sin embargo, un paso más al proponer que los nuevos conversos procedentes del paganismo no estuvieran sometidos a las obligaciones de la ley judía (la circuncisión y las leyes de pureza alimentarias y rituales). Eso provocó fuertes tensiones en el seno de la joven comunidad cristiana, por aquel entonces compuesta únicamente por judíos. Pablo acabó convenciendo a los principales apóstoles, Pedro y Santiago, durante un encuentro en Jerusalén que se celebró unos 20 años después de la muerte de Jesús y que, en cierto modo, consagró la ruptura definitiva con el judaísmo: en adelante, la Ley de Moisés no tendrá que ser observada ya por los nuevos discípulos de Cristo. Puede considerarse por ello que Pablo es el verdadero fundador del cristianismo como religión distinta del judaísmo.

En la medida en que nunca abrogó la Torá, en la medida en que nunca dejó de afirmar su apego por la fe y los rituales judíos (aunque a veces se tomara grandes libertades con ellos, para mostrar que solo son medios), Jesús no fundó una nueva religión distinta del judaísmo. «No he venido a abolir la Ley sino a cumplirla», afirma en su célebre sermón en la montaña. Pablo precipitará la escisión con el judaísmo al afirmar que la fe en Jesús sustituye en adelante a la Ley de Moisés en el plan de Dios. Él desarrollará toda la teología de la Redención y de la salvación universal por Cristo. Y en él encontramos en germen la teoría de la encarnación, aunque sea necesario aguardar hasta finales del siglo primero y el Evangelio de Juan para que se explicite. La Iglesia cristiana nació con Pablo.

¿Es segura la existencia histórica de Jesús?

Aunque fueron redactados solo unos decenios después de los hechos –y no varios siglos después, como la Biblia–, ¿podemos confiar en los Evangelios? ¿Cómo estar seguros, incluso, de que Jesús existió? No tenemos ninguna prueba absoluta de la existencia de Jesús, porque no escribió nada y era en vida un personaje desconocido para los historiadores romanos. Lo que, por lo demás, es del todo normal, puesto que solo era un oscuro y pequeño profeta judío de la lejana provincia de Judea, como los hubo a decenas después de la ocupación romana. Solo varias decenas de años después de su muerte, cuando su comunidad de discípulos no dejaba de crecer, los antiguos historiadores se interesaron por el personaje. Del mismo modo, es lógico que no se encuentre rastro arqueológico alguno de su vida, pues no construyó ninguna ciudad, no hizo acuñar moneda con su efigie y no vivía en ningún palacio. Era una especie de vagabundo que erraba y dormía con mucha frecuencia al aire libre, rodeado por una comunidad de discípulos compuesta principalmente de gente del pueblo, sin cultura, de marginales y de réprobos. Solo puede probar su existencia, pero es una prueba por el absurdo, que su no existencia plantearía a los historiadores muchos más problemas que su existencia. Pues, si Jesús no existió, ¿cómo explicar el movimiento que se creó alrededor de su nombre (por quién, por qué)? ¿Cómo explicar que decenas de discípulos fueran perseguidos en su nombre por las autoridades judías y romanas, y que muchos llegaran a dar su vida por fidelidad a su fe en él? ¿Y por qué razón se habría inventado una historia tan absurda y tan poco seductora como la de un hijo de Dios que acabó crucificado como un vulgar criminal? Y además, contrariamente a lo que hemos visto con Moisés y Abraham, el relato de su vida fue escrito mientras algunos testigos oculares estaban vivos aún. En resumen, por todas estas razones, los historiadores se muestran unánimes al validar la existencia histórica de Jesús, lo que no significa que lo que cuentan sus discípulos sea siempre cierto. Los cuatro Evangelios son textos escritos por creyentes, en un muy particular contexto de doble persecución por las autoridades judías y romanas. Estos textos reflejan la fe de los primeros discípulos de Jesús y llevan la huella de estas polémicas. No son, pues, documentos que deban tomarse al pie de la letra. Algunos hechos pueden haber sido inventados por necesidades de la causa y pueden observarse también errores históricos o algunas contradicciones flagrantes entre los distintos relatos evangélicos.

¿Nació Jesús en Nazaret o en Belén?

Tomemos el ejemplo del nacimiento de Jesús. Mateo afirma que nació durante el reinado del rey Herodes. Hoy sabemos con certeza que Herodes murió el año 4 antes de nuestra era. En sí, eso no supone un problema para los historiadores, pues se ha advertido que el monje Dionisio el Pequeño, a quien el papa encargó en el siglo VI que datara el nacimiento de Jesús, cometió un error de seis años al apoyarse en el reinado de Tiberio. En realidad, hay que datar el nacimiento de Jesús hacia -6 antes de la fecha tradicional y nació, pues, efectivamente, en el reinado de Herodes. Pero donde los textos plantean problemas es cuando Mateo y Lucas afirman que Jesús nació en Belén, en Judea. Sus padres vivían en Nazaret, una pequeña población de Galilea, donde Jesús vivió también unos 30 años como humilde carpintero, hasta el inicio de su predicación. Ahora bien, puesto que las Escrituras judías, a través del profeta Miqueas, anunciaban que el Mesías, descendiente de David, procedería de Belén, a los evangelistas les era indispensable que Jesús naciese en esa ciudad, para convencer a sus auditorios judíos de que era en efecto el Mesías esperado. Mateo resolvió el problema haciendo comprender que la familia de Jesús vivía en Judea, en Belén o en las proximidades, hasta su nacimiento, y que luego se trasladó para ir a vivir a Galilea, en Nazaret. Lucas, por el contrario, afirma que su familia vivía ya en Nazaret, pero que José, el padre de Jesús, tuvo que dirigirse a Belén, su población natal, a causa del censo ordenado por el emperador Augusto, cuando Quirino era gobernador de Siria; siendo José –según los Evangelios– del linaje de David, se habría dirigido a Belén con María encinta de Jesús, y este habría nacido, pues, donde era necesario para que la profecía se cumpliese. Ahora bien, hoy sabemos que Quirino solo fue gobernador de Siria a partir del año 6 de nuestra era. Jesús tenía, por tanto, por lo menos 12 años en la época del famoso censo (puesto que nació hacia -6). Así pues, es muy probable que naciera sencillamente en Nazaret y que las contradicciones entre Mateo y Lucas se expliquen simplemente por el deseo del segundo de justificar el curioso exilio de su familia a Belén precisamente en el instante de su nacimiento.

Fiabilidad histórica de los Evangelios

Podríamos dar otros ejemplos de contradicciones o exageraciones en los textos evangélicos pero, en su conjunto, y sin duda debido a que fueron escritos con cierta rapidez tras los acontecimientos relatados, parecen bastante fiables por su coherencia interna, su descripción muy precisa del medio judío y de la Jerusalén de la época. Algunas fuentes exteriores (Flavio Josefo, Tácito, Plinio el Joven) confirman la muerte de Jesús bajo Poncio Pilatos, y los exegetas piensan que la vida y las palabras de Jesús son globalmente fieles a los hechos, aunque algunas palabras pudieron ser inventadas o deformadas y algunos acontecimientos milagrosos –como su nacimiento en el seno virginal de María o la cortina del Templo que se habría desgarrado en dos en el instante de su muerte– sean invenciones teológicas destinadas a convencer a los auditorios de la época de que Jesús era en efecto el Mesías esperado.

Podemos pensar, especialmente, que el relato de su pasión es auténtico en su trama principal, ya que poco glorioso era afirmar con muchos detalles el trágico y lamentable final del maestro, azotado y crucificado como un criminal, y también abandonado por todos sus discípulos a excepción de las mujeres y del más joven de ellos: Juan. El episodio final de la Resurrección plantea evidentemente un enorme problema al historiador que no puede pronunciarse en absoluto sobre un hecho milagroso. Salvo para decir que no hay ninguna prueba tangible de la Resurrección. Ahora bien, este episodio es el fundamento mismo de la fe cristiana.

Idéntica observación puede aplicarse a los textos del Nuevo Testamento como a los del Antiguo: no son testimonios objetivos, sino el reflejo de la fe de sus redactores. No pueden tomarse al pie de la letra y exigen ser interpretados, aunque la proximidad de los acontecimientos los haga a priori más creíbles que los narrados en los primeros libros de la Biblia sobre el origen del mundo y del pueblo hebreo. Yo añadiría, a la inversa que la teoría conspiracionista de Dan Brown en su *Código Da Vinci*, que si la Iglesia hubiera manipulado por completo los textos primitivos cuando obtuvo el apoyo del poder político, en el siglo IV, y fue definitivamente fijado el canon de las Escrituras, habría suprimido sus incoherencias y las palabras que le resultaran molestas. Ahora bien, no es así. Lo que muestra que los cristianos de los primeros siglos no se atrevieron a tocar esos primeros testimonios que consideraban auténticos, aunque algunos episodios, como el de las negaciones de Pedro o la huida de los apóstoles durante la pasión de Jesús, no resultan muy gloriosos.

Los milagros de Jesús

Un gran teólogo católico contemporáneo afirma: «Creo... a pesar de los milagros». Lo que plantea para nosotros un problema hoy era, a la inversa, fuente de adhesión en la época de Jesús. Algunos exegetas piensan que todos los milagros fueron inventados por los evangelistas para manifestar el poder sobrenatural de Jesús y convencer a sus auditorios de que era, en efecto, el elegido de Dios. Es muy posible que algunos fueran inventados, pero todos no lo creo, pues hay muchos, especialmente curaciones múltiples, y si se prescinde de todos estos gestos, se amputa más de un tercio de los Evangelios. ¿Pero se trata realmente de milagros, es decir, de intervenciones directas de Dios contra las leyes de la naturaleza? ¿O se trata de hechos no explicados? Ahora bien, existen numerosos hechos no explicados durante mucho tiempo que, cierto día, encuentran una explicación. Y aun en nuestros días hay curaciones consideradas "milagrosas", es decir, inexplicables en el actual estado de nuestros conocimientos, pero cuya causa natural, estoy convencido de ello, se comprenderá algún día. No conocemos bien todavía el espíritu humano y su capacidad de acción en la materia. Nuestro cerebro es un continente muy inexplorado aún y el vínculo entre la materia y el espíritu no deja de revelársenos, mostrando especialmente que muchas enfermedades tienen causas psíquicas y pueden curarse así con la fuerza del espíritu. Cuando Jesús afirma que la fe produce milagros (Mateo, 17, 20), no está diciendo otra cosa. Y cuando sus interlocutores carecen de fe, los Evangelios nos dicen que Jesús no puede llevar a cabo curaciones. Eso no explica todos los milagros realizados por Jesús, pero no me molestan estos gestos extraordinarios que salpican los relatos evangélicos.

¿Necesitaba Jesús hacerse "publicidad" con sus prodigios? ¿No bastaba su mensaje?, podríamos objetar. Creo que llevó a cabo milagros por, al menos, tres razones. La primera para atraer a las multitudes y convencerlas con estos signos de que era el enviado por Dios. Al hacerlo, Jesús se queja, por lo demás, de «esta generación que pide signos» (Marcos, 8,11). Creo también que se compadecía de los enfermos con quienes se encontraba y que le suplicaban que los curase. Los teólogos cristianos pretenden poner de relieve que al aliviar la miseria física, Jesús daba también un signo material de algo más profundo: ha llegado para curar las almas. Tengo, por fin, una interpretación más personal. Creo que si estos signos estuviesen por completo ausentes de los Evangelios, estos perderían su principal resorte dramático: ¿cómo es posible que este hombre que ha llevado a cabo tantos signos mostrando que Dios estaba con él no haya utilizado su poder para salvarse a sí mismo? Los "milagros" de Jesús, que una vez más tal vez no lo sean, tienen, pues, un papel crucial en el mensaje que pretende transmitir: mostrar que es un hombre de poderes extraordinarios (divinos, por tanto, para sus discípulos), pero que voluntariamente renunció a sus poderes en el momento de su muerte para manifestar que Dios es amor y que el amor se manifiesta por el *no poder*. La pobreza, la humildad, el abandono, el espíritu de perdón de Jesús durante su pasión son signos que manifiestan lo más importante que Jesús vino a decir: Dios es amor. Que Jesús diga en la cruz: «Padre perdónales pues no saben lo que hacen», es infinitamente más turbador que si el rayo hubiera diezmado a los soldados romanos y Jesús descendiese de su cruz como un súper héroe triunfante. Ahora bien, lo más impactante si se siguen los relatos evangélicos es que habría podido hacerlo teniendo en cuenta los poderes extraordinarios de los que disponía. Los Evangelios muestran así algo fundamental, que turbó por completo a los discípulos: Jesús invierte la noción mesiánica tradicional y, precisamente por ello, la concepción que hasta entonces se tenía de Dios.

La inversión de la figura mesiánica

El Dios bíblico aparece en efecto como un Dios omnipotente, todopoderoso, que puede intervenir como quiera en la vida de los humanos. Y los textos bíblicos interpretan las pruebas individuales o colectivas de los judíos como castigos enviados o permitidos por Dios a causa de los pecados cometidos. Dicho de otro modo, se encuentra una explicación para el mal a través de la culpabilidad: merezco esta prueba, porque he pecado.

El Mesías esperado es un ser con poderes excepcionales que manifiesta el poder divino y libera Israel de sus enemigos. Al mismo tiempo, según algunos profetas, convertirá Israel en un faro para todas las naciones e instaurará en la Tierra una realeza divina. En tiempos de Jesús, se esperaba con impaciencia este Mesías libertador, pues hacía ya varios siglos que Israel estaba ocupado por ejércitos extranjeros: babilónicos, persas, griegos y romanos. Cuando vieron el poder de Jesús a través de sus milagros, sus discípulos creyeron todos que era el Mesías anunciado, el libertador de Israel. Por eso unieron a su nombre el de "Cristo" que significa "Mesías" en griego. Pero Jesús comenzó a desestabilizarlos mostrándoles que había llegado para invertir los valores tradicionales de las sociedades humanas basadas en el poder: «Los primeros serán los últimos» (Mateo, 20, 16), «No he venido para ser servido, sino para servir» (Mateo, 10, 44), etcétera, y afirma algo pasmoso, que va a subir hasta Jerusalén para morir allí. A lo que Pedro, el jefe designado por los apóstoles, le responde que eso no sucederá jamás, y Jesús le responde: «Retírate de mí, Satán, pues tus pensamientos no son los de Dios, sino los de los hombres» (Mateo, 16, 23). En resumen, los apóstoles no pueden imaginar que Jesús lo va a permitir y aceptará morir crucificado como un vulgar bandido, cuando Dios está evidentemente con él. Pues, en su espíritu, este fin significaría que ha sido rechazado por Dios, que no es el Mesías esperado, que ha pecado y es castigado por el Omnipotente. Ahora bien, Jesús pretende mostrar a sus discípulos que la figura del Mesías que esperan no es acertada, pues la imagen que tienen de Dios no es la correcta. Esperan un Mesías que libere Israel del yugo de los romanos para instaurar una especie de teocracia mundial, mientras que Jesús es un Mesías que ha llegado para liberar al hombre del pecado y revelarle que Dios es amor y no se mezcla en los asuntos temporales de los hombres. Sus discípulos esperan un reino terrenal. Jesús les propone un Reino celestial, es decir, interior. Esperan un Mesías político, Jesús es un Mesías espiritual que separa radicalmente lo político de lo religioso: «Mi Reino no es de este mundo» (Juan, 18, 36); «Dad al César lo que es del César y a Dios lo que es de Dios» (Mateo, 22, 21). Creen en un Dios cuya omnipotencia se manifieste en el mundo. Jesús les anuncia un Dios cuyo amor es tal que le prohíbe manifestar su poder por respeto a la libertad humana. Creo, por lo demás, que esa diferencia es la principal razón no solo de la huida de los apóstoles durante el arresto de Jesús y de las negaciones de Pedro, sino también de la traición de Judas que es un zelote, un militante político muy activo en favor de la liberación de Israel. No soporta ya esa actitud de Jesús que se niega a utilizar su poder al servicio de una causa política y lo entrega a los sumos sacerdotes como una especie de provocación, esperando secretamente que Jesús reaccione por fin. Pero no es así puesto que Jesús ordena a Pedro, que quiere defenderlo, que envaine su espada y se deja detener sin combatir. Judas va a suicidarse, desesperado, sin duda porque amaba a Jesús y jamás creyó que pudiera dejarse morir así en vez de aportar a su pueblo la liberación.

Jesús predica la oración y la relación con Dios como fuente de liberación. Quiere conectar de nuevo al ser humano con su fuente divina. Pero, siguiendo a algunos profetas bíblicos, comienza reeducando la mirada que sus discípulos dirigen a Dios, mostrándoles que su omnipotencia está como encadenada por su amor y su absoluto respeto a la libertad de todas sus criaturas. Así pues, no deben ya leerse los acontecimientos humanos como recompensas o castigos divinos. Dios cuida interiormente del hombre con su gracia, más que proteger al justo de cualquier prueba o castigar al pecador por sus faltas enviándole ciertas pruebas. Asimismo, no interviene en los asuntos del mundo.

¿Cómo creer todavía en Dios después de Auschwitz?

Esta cuestión teológica es de gran actualidad. Innumerables creyentes e, incluso, no creyentes se han preguntado: «¿Cómo creer todavía en Dios después de Auschwitz?». No es posible ya creer en la concepción de cierto Dios bíblico que no deja de intervenir en los asuntos de los hombres. Por lo demás, esta imagen quedó ya mellada en la Biblia hebraica gracias a ciertos textos, como el notable libro de Job, que plantea con agudeza la cuestión del mal, y en especial del mal que afecta al justo. Es definitivamente derrotada por la visión que Jesús da de Dios: un Dios que habla en la profundidad del corazón del hombre, pero que permanece silencioso en el estruendo del mundo; un Dios que se esfuma y se niega a ejercer su poder para no obligar a los hombres a creer en él.

Existe, desde la Segunda Guerra mundial, toda una corriente teológica judía y cristiana, nacida a partir de voces como las de Simone Weil, Etty Hillesum o Dietrich Bonhoeffer, que intenta regresar a una concepción de un Dios apagado, no poderoso, oculto e inefable que la deriva de la Iglesia, en el transcurso de los siglos, ha hecho olvidar.

Vaticano II: la Iglesia renuncia al poder temporal

Afortunadamente, desde el Concilio Vaticano II (1962-1965) la Iglesia se ha pronunciado por fin en favor del laicismo y de la libertad de creencias, volviendo así la espalda a 15 siglos de confusión de los poderes y de violación de las conciencias, especialmente por medio de la práctica de la Inquisición. Si se contempla la historia de la Iglesia, ¡cuántos combates se han librado en nombre del omnipotente Dios de los cristianos! ¿Cómo explicar esta deriva con respecto al mensaje de los Evangelios? El acontecimiento decisivo fue la conversión del imperio romano al cristianismo en el siglo IV. En menos de un siglo, desde Constantino, que en el año 313 detiene las persecuciones contra los cristianos, hasta Teodosio, que en el 391 convierte el cristianismo en la religión estatal del Imperio, los cristianos pasan de una minoría heroica y muy a menudo perseguida a una mayoría que puede, y quiere, imponer a todos su religión. Su consecuencia es una grave deriva de la fe cristiana. Los poderes espirituales y temporales se confunden, se introduce la noción de un Dios omnipotente, protector de una Iglesia triunfante. Y lo mismo ocurre en teología donde la concepción de un Dios que protege a sus fieles y castiga a los pecadores va a desarrollarse hasta desembocar, en los tiempos modernos, en esta concepción –que conocieron aún nuestros abuelos– del "buen Dios" que concede puntos a los niños buenos y del "padre zurrador" que castiga a quienes desobedecen a sus padres o las leyes de la Iglesia. Todo ello está en las antípodas del mensaje de los Evangelios. Y cuando se oye todavía, de vez en cuando, a algunos clérigos decir, por ejemplo, que el sida es un castigo divino, eso supone una herejía considerando el mensaje de Jesús y el rostro de Dios que este pretende revelar.

¿Quién es Jesús?

Hemos visto ya que los Evangelios son relatos de creyentes que expresan la fe de los primeros discípulos de Cristo. En esta cuestión crucial de la identidad de Jesús, no todos tienen el mismo discurso, pues fueron escritos en períodos y en contextos distintos. Cuanto más cerca del acontecimiento están los Evangelios, más insisten en el carácter humano de Jesús. Cuanto más tarde fueron escritos, más ponen de relieve su carácter divino, lo que muestra que la fe en Jesús como encarnación de Dios es un proceso que se llevó a cabo durante algunos decenios. Los tres evangelios más cercanos a la muerte de Jesús, los de Marcos, Mateo y Lucas –a los que se denomina evangelios sinópticos porque siguen la misma trama narrativa y pueden pues disponerse en sinopsis, es decir, en columnas paralelas–, se redactaron entre los años 50 y 80. Muestran que Jesús es el Mesías, el Hijo de Dios. Jesús es un hombre, aunque su nacimiento sea presentado como milagroso por Mateo y Lucas, puesto que su madre, María, es una muchacha virgen fecundada por el Espíritu Santo. Por otra parte, el acontecimiento de la resurrección, mencionado por los cuatro Evangelios, pretende revelar el carácter excepcional de la identidad de Jesús, el «primero que nace de entre los muertos», y su estatuto de salvador del mundo. Es, pues, un ser humano que mantiene una relación de intimidad única con Dios y cuya vida, del nacimiento a la muerte, está salpicada de excepcionales intervenciones divinas que atestiguan que Jesús es, efectivamente, el Cristo, el elegido de Dios para revelarse plenamente y salvar al género humano aportándole la Vida eterna. Cuando habla de sí mismo, Jesús se presenta como el "Hijo del Hombre", título mesiánico tomado del libro de Daniel. Pero jamás se identifica con Dios; muestra siempre, por el contrario, la diferencia, la jerarquía entre él y Dios a quien llama su Padre (*abba*). El cuarto evangelio, atribuido a Juan, es más tardío, data del final del siglo i. Su narración es muy distinta y se inicia con un suntuoso prólogo que afirma, de buenas a primeras, la divinidad de Jesús que sería la encarnación de la palabra divina (el logos). En este evangelio, Jesús pronuncia esta vez palabras que confirman su divinidad: «El Padre y yo somos uno» (Juan, 10, 30), o también: «Antes que Abraham fuese, Soy» (Juan, 8, 58). Es interesante advertir que el Evangelio de Juan fue escrito en Éfeso, donde el filósofo Heráclito inventó el concepto de logos, la razón divina que gobierna el mundo y en la que participa cada hombre. Contrariamente a los otros evangelios, Juan escribe una vez consumada definitivamente la ruptura entre judíos y cristianos. Puede evocar la divinidad de Jesús que habría sido inaudible para un público judío. Redacta directamente en griego, para hombres de cultura helénica, y afirma con claridad que Jesús es la encarnación del logos divino, lo que supone divinizarlo. Antes, Pablo había utilizado ya ciertas expresiones que tendían a esta idea, sin jamás formularla con tanta claridad: «Jesús es la imagen del Dios invisible, el primogénito de toda la creación» (Colosenses, 1, 15). De la idea de que Jesús es "semejante a Dios" (Pablo) o "Hijo de Dios" (los tres evangelios sinópticos) se pasa a la idea de que es Dios hecho hombre.

Teología del hombre-Dios

Pero entonces, ¿cómo puede ser Jesús, a la vez, hombre y Dios? ¿Y cómo Dios puede seguir siendo el Dios único del judaísmo si está compuesto de varias personas? Los cristianos intentarán resolver estas paradojas durante el segundo y tercer siglo en los que las controversias teológicas sobre la identidad de Jesús se multiplican. Para algunos es solo un hombre adoptado por

Dios al comienzo de su predicación, lo que lo diviniza (adopcionismo). Para otros, por el contrario, no es sino Dios que ha tomado la apariencia de un ser humano (docetismo). Pero la mayoría de los obispos intentan encontrar una definición que preserve, a la vez, el carácter humano de Jesús y su carácter divino. Nace así, progresivamente, la tesis trinitaria: existen tres personas divinas, el Padre, el Hijo y el Espíritu. El Hijo se encarnará en Jesús. Este tiene, pues, una doble naturaleza, humana y divina. Es, a la vez, plenamente hombre y plenamente Dios. Esta concepción se convierte poco a poco en la de una mayoría de cristianos y se impone como un dogma en el Concilio de Nicea, convocado por el emperador Constantino en el 325.

Constantino convocó el concilio porque estaba harto de las incesantes querellas de los cristianos sobre esta cuestión, especialmente en torno a la muy popular teoría de un simple sacerdote de Alejandría, Arrio, que minimizaba el carácter divino de Jesús convirtiéndolo en un dios secundario, inferior al padre. Puesto que deseaba apoyarse en los cristianos para asentar la cohesión moral de su imperio, necesitaba que estuvieran unidos. Les dejó libertad para que se pusieran de acuerdo sobre una definición, pero les impuso que lo lograran. La mayoría condenó la tesis arriana y perfeccionó la definición trinitaria. Constantino levantó acta de la decisión conciliar, exilió a Arrio y a sus últimos partidarios, e impuso en todo el imperio el credo surgido del concilio. Aunque el emperador no interviniese directamente en los debates, desempeñó un papel crucial en el nacimiento del dogma cristiano al imponer una ortodoxia, incluso utilizando la represión física. Esta alianza entre la religión y el poder político favorecerá de un modo increíble el desarrollo del cristianismo... y, al mismo tiempo, lo pervertirá profundamente. De una religión perseguida, el cristianismo va a convertirse en una religión perseguidora: contra los judíos, contra los paganos del imperio, contra los herejes, contra los infieles de otras religiones, etcétera. Los preceptos de laicismo y de no violencia de su fundador seguirán enseñándose, pero una institución más preocupada por su desarrollo y su poder los aplicará cada vez menos.

La Santísima Trinidad

La idea de un Dios uno y trino nació del deseo de resolver varias paradojas del Nuevo Testamento. Jesús aparece en él como un hombre pero, como hemos visto, Pablo y, sobre todo, Juan parecen afirmar también su carácter divino. Por otra parte, Jesús habla de Dios como de su padre y evoca la figura del Espíritu Santo que enviará a sus discípulos después de su partida. La teología trinitaria intenta combinar todos estos parámetros. Tiene el inconveniente de hacer compleja la fuerte idea de la unicidad divina. Pero también la fuerza de decir que el amor es intrínseco a la esencia divina por medio de la relación entre las distintas personas divinas. Lo cierto es que el credo trinitario sobre el que están de acuerdo casi todas las confesiones cristianas –los católicos, los protestantes y los ortodoxos– se ha convertido en uno de los fundamentos del edificio de la fe cristiana.

5. La experiencia personal de lo divino

El mundo vivió, en el siglo v antes de nuestra era, un período de increíble intensidad espiritual en el que la religiosidad bascula para dirigirse hacia una mayor individualización e interiorización. Es lo que el filósofo Karl Jaspers denominó –en su obra *Origen y sentido de la historia* (1950)– «el período axial de la humanidad». ¿De qué se trata?

El hito axial de la humanidad

Karl Jaspers apunta brevemente un hecho sorprendente. Hacia mediados del primer milenio antes de nuestra era, una profunda revolución del sentimiento religioso afecta a todas las civilizaciones conocidas. Casi en el mismo momento aparecen en todas las áreas de civilización personajes cuyo punto en común es renovar por completo el pensamiento religioso de la humanidad y hacerlo, poco más o menos, de acuerdo con las mismas orientaciones: Lao Tsé y Confucio en China, Mahavira (el fundador del jainismo) y el Buda en la India, Pitágoras y los grandes filósofos presocráticos en Grecia, Zoroastro en Persia, los grandes profetas en Israel...

Aparecen para responder a la necesidad de sentido de los individuos. Mientras que el mundo antiguo estaba dominado hasta entonces por el peso de lo colectivo, vemos emerger en aquel período la idea del individuo, de sus necesidades, de sus derechos y de sus aspiraciones espirituales. El individuo se hace cada vez más preguntas sobre sí mismo. Se interesa por la cuestión del sentido de su vida: ¿por qué estoy en la Tierra? ¿Cómo vivir bien? ¿Cómo ser feliz? Con el desarrollo de las ciudades y de la comodidad material, se plantea en adelante la cuestión de la felicidad individual. En cuanto los hombres adquieren un mínimo de subsistencia y seguridad, empiezan a plantearse otras preguntas y el individuo emerge del grupo.

La búsqueda de la felicidad y de la salvación personal

Al mismo tiempo que la emergencia de una conciencia individual y una preocupación por uno mismo, se desarrollará la búsqueda de la felicidad en la Tierra y en el más allá, con la cuestión del devenir del alma después de la muerte. Se advierte muy bien en Egipto, donde la práctica del embalsamamiento, reservada hasta entonces al faraón y, luego, a los principales miembros de su palacio, va a democratizarse a lo largo del primer milenio antes de nuestra era. Todos los que tienen esa posibilidad material se preocupan por su vida póstuma. Del mismo modo, la práctica de la astrología y de las artes adivinatorias, reservada hasta entonces al soberano, se difunde y se democratiza en toda la cuenca mediterránea, así como en la India y en China, para acabar afectando, al alba de nuestra era, a todas las capas de la población. Cada cual se interesa por su destino personal. El mismo fenómeno afecta a la religión. Ya no se satisfacen con grandes rituales colectivos, como hemos visto en los primeros capítulos de este libro, donde el sumo sacerdote intercede por el pueblo ante los dioses; cada cual aspira ahora a vivir una experiencia personal de lo divino. Así se desarrollan en Grecia los cultos mistéricos, estas experiencias iniciáticas en las que se accede a un encuentro personal y emocional con la divinidad. Y también la filosofía –"amor a la sabiduría"–, que no solo se preocupa por conocer racionalmente el mundo sino también, y sobre todo, por saber cómo cada cual puede llevar una buena vida, feliz y virtuosa. Era frecuente, por lo demás, que los filósofos fueran también adeptos de los cultos mistéricos. Como Platón, Cicerón o el emperador Adriano con los misterios de Eleusis, culto iniciático emparentado con el trance chamánico. Ya no se quiere solo "hacer lo sagrado" (sacrificio), se quiere experimentarlo.

Lo mismo ocurre en la India donde la antigua religión védica y los sacrificios de los brahmanes, esos sacerdotes de la casta superior, son cuestionados por ascetas errantes que están buscando la salvación. Así nace la búsqueda del Buda, que se interroga sobre el modo de obtener una felicidad verdadera y duradera. Trastorna el sistema de castas al afirmar que todo ser humano, sea cual sea su estatus social, puede acceder a la liberación por medio de una apropiada práctica espiritual. Por su experiencia personal accede al "Despertar", es decir, a un estado de liberación total y de pleno conocimiento de la verdad. No está ya encadenado por las ataduras de la ignorancia y el afecto y puede escapar al ciclo de las reencarnaciones. Idéntica preocupación en China, donde nacen el taoísmo y el confucianismo que, sin cuestionar no obstante la sumisión del individuo al grupo, insisten en la felicidad individual y contribuyen al desarrollo de una moral y una sabiduría personales. El zoroastrismo del que hemos hablado ya es perfectamente emblemático del desarrollo de una religión ética y de una relación personal y amorosa con Dios: «Oh Mazda, soy consciente de mis debilidades, mi riqueza es ínfima y mis compañeros poco numerosos. Avanzo entonces hacia Ti: contempla mi bien, dame el amor que un enamorado, en el brillo de lo Justo, ofrece a su amada y enriquéceme con el Pensamiento justo», grita Zoroastro (*Gathas*, canto 11, 2). Encontramos el mismo fenómeno en el judaísmo donde se desarrolla, más allá de la Torá, toda una literatura sapiencial (Job, los Salmos, Qohelet) que plasma un agudo y espiritual cuestionamiento personal y un deseo de aproximación afectiva entre el hombre y Dios. Lo mismo ocurre entre los profetas tardíos que muestran el rostro de un Dios más amoroso, compasivo, cercano al corazón de sus fieles.

Aproximación de lo divino y de lo humano

Se asiste pues, a la vez, a una individualización del sentimiento religioso y a una más presente dimensión afectiva: Dios, o los dioses, están más cerca de los hombres y el amor ocupa por fin más lugar que la ley. El deseo de experimentar lo divino es acompañado por una aproximación de lo humano y lo divino. Se percibe muy claramente en el judaísmo, donde la noción de un Dios misericordioso y cercano al corazón de sus fieles se desarrolla con fuerza en los textos más tardíos, para desembocar en el mensaje de Jesús: la necesaria superación de la ley por el amor. En esa época, la noción de "bondad divina" se universaliza, pues los hombres y las mujeres que hacen esa experiencia iniciática afirman sentir la bondad de Dios, o de los dioses, en lo más íntimo de su ser. Dios habla al corazón de todos los fieles y cada cual puede encontrarlo en su corazón. Dios no está ya simplemente en el cielo, está en "mí". Puede ser trascendente, no tiene necesidad de "mí" para existir y, al mismo tiempo, es en "mí" donde lo encuentro. Es lo que se denomina la inmanencia divina.

Inmanencia divina y panteísmo

Dios tiene pues dos dimensiones: la trascendencia y la inmanencia. La dimensión trascendente expresa su radical alteridad. Es el "Por completo otro", aquel del que nada puedo decir, radicalmente distinto a "mí" y que existía antes de que yo existiese, puesto que me ha creado. La dimensión inmanente induce que Dios o lo divino está presente en el interior de "mí", en el interior de mi corazón, pero también en el interior del mundo. Esta concepción de la inmanencia divina llevará, a veces, a lo que se denomina el panteísmo: Dios se confunde con el mundo. El panteísmo suprime la trascendencia y expresa una inmanencia radical. Dios no existe al margen del mundo y no lo creó. Dios está en todas partes. En las plantas, en los árboles, en nosotros... Es lo divino impersonal que se confunde con la naturaleza. Las religiones monoteístas rechazan esta concepción de lo divino totalmente inmanente e intentan mantener un equilibrio entre trascendencia e inmanencia. Dios es el "Por completo otro" al que se adora, al que se venera y al que se teme. Pero, al mismo tiempo, está presente en todas las cosas y se encuentra en nuestro corazón.

El alma

Todas las religiones consideran que hay en el hombre una parte inmaterial a la que denominamos alma, espíritu, el *nous*, el *pneuma*, el aliento, el *ba*, etcétera. Sea cual sea el nombre que se da a ese principio inmaterial, significa que no existe solo este cuerpo visible, sensible. Hay también en el ser humano una parte invisible, inmaterial, que puede experimentarse haciendo una experiencia interior de la belleza, del amor, de la alegría... Y, para numerosas religiones, este principio inmaterial es de origen divino. Es la parte divina que está en nosotros. La mayoría de los filósofos griegos estaban convencidos de que esta parte divina era la más importante de nuestro ser y que era conveniente cultivarla ante todo para ser feliz. Sócrates, por ejemplo, explica a sus discípulos antes de morir que durante toda su vida ha intentado cultivar su alma para hacerla noble y que espera que a su muerte se una a la compañía de los dioses. El alma, pues, procede de Dios o de lo divino y vuelve a él después de la muerte. Y esta teoría, que se desarrolla un poco por todas partes a partir del siglo VI antes de nuestra era, sigue encontrándose en el fundamento mismo de las religiones.

La palabra "alma" tiene en nuestros días una pluralidad de sentidos. Cuando se dice de alguien que carece de alma, es que sentimos que le falta interioridad, profundidad, amor incluso. Por el contrario, todo eso es tangible cuando decimos de alguien que es una "alma buena". Cuando Bergson afirma: «La humanidad necesitaría un suplemento de alma», eso significa un suplemento de conciencia, de interioridad, de profundidad, de compasión. Las tradiciones religiosas van más allá y vinculan esta interioridad a lo divino, es decir, a una fuerza o un ser que nos engloba o nos supera. Ahora, según se sitúen en una perspectiva más bien trascendente o inmanente, las espiritualidades hablan del alma como una realidad creada por Dios o como la parte de un Todo. En ambos casos, el alma regresa a su fuente después de la muerte del cuerpo físico: se une a Dios para los monoteístas; se funde en el Todo para las corrientes de sabiduría más inmanentes.

Florecimiento de la espiritualidad

Con el período axial puede entonces hablarse realmente de espiritualidad. Como hemos visto, la religión *vincula*. Reúne a los seres humanos por medio de una creencia colectiva en un invisible que lo sobrepasa. Por eso Régis Debray utiliza muy adecuadamente el término de "comuniones humanas" para hablar de religiones. No obstante, yo diría, primero, que la espiritualidad, la búsqueda personal del espíritu, *desvincula*. Libera al individuo de todo lo que le ata y le encierra en puntos de vista erróneos: ignorancia, apriorismo, prejuicios, etcétera, pero también lo libera del grupo. Lo libera del peso de la tradición, de lo colectivo, para que se dirija hacia sí mismo, hacia su verdad interior. Luego, si la espiritualidad comienza por desvincular a un individuo, tiene como objetivo último vincularlo de un modo justo a los demás. Dicho de otro modo, la espiritualidad desvincula para vincular mejor; libera al individuo para enseñarle a amar. Una espiritualidad que desemboca en la indiferencia o en el desprecio de los demás nada tiene de auténtica. Es una neurosis que tiene como coartada lo espiritual.

Todas esas corrientes de sabiduría y de espiritualidad que nacen durante el primer milenio de nuestra era pretenden permitir al individuo ser plenamente él mismo desarrollando la parte divina o trascendente que hay en él. Por ello, el individuo se emancipa en gran parte de los rituales y las creencias colectivas para tener acceso directo a lo divino o a lo Absoluto. Por medio de la razón, de la experiencia interior, de la plegaria, de la meditación, busca la verdad. Esta búsqueda interior y personal le deja a menudo en falso ante las tradiciones religiosas que privilegian el interés del grupo, del pueblo, de la tribu, de la ciudad. Así, el Buda se gana el odio de los brahmanes, la inutilidad de cuyos ritos de sacrificio denuncia. Sócrates es condenado a muerte por impiedad y Jesús por haber amenazado el poder sacerdotal. Y sus acusadores no se engañaron: esos tres personajes contribuyeron ampliamente a emancipar el individuo de la religión dominante. En primer lugar, poniéndolo en relación directa con Dios, lo Absoluto o el principio divino. Por la plegaria (Jesús), la filosofía (Sócrates) o la meditación (el Buda), el hombre puede lograr su salvación sin pasar por los ritos de sacrificio predicados por la tradición. Luego, sus enseñanzas hacen que estalle el carácter aristocrático de las sociedades tradicionales. Para ellos, no hay diferencia fundamental entre los seres humanos: todos, ricos o pobres, esclavos u hombres libres, hombres o mujeres, pueden acceder a la liberación o a la salvación. No hay ya jerarquía, casta, pueblo elegido. Todos los seres humanos son iguales porque todos poseen un alma inmortal que les permite llevar una vida espiritual que les hace libres. La nobleza del alma cuenta entonces más que la nobleza de nacimiento. La espiritualidad es radicalmente democrática. Debilita entonces cualquier institución religiosa que afirme que la salvación pasa por la ley o los rituales colectivos impuestos por una casta privilegiada: la de los sacerdotes. Aunque nacen y se desarrollan muy a menudo en el seno de las tradiciones religiosas, las corrientes espirituales aportan una fuerte oposición a esas tradiciones, llegando a veces a crear cismas, como el budismo con respecto al hinduismo, el cristianismo con respecto al judaísmo o, en el propio seno del cristianismo, el protestantismo con respecto al catolicismo. Pues el cristianismo desvió muy pronto su oposición inicial del legalismo religioso para recrear un legalismo y un clericalismo tan pesado como el que denunció Jesús. De ahí una serie de sucesivas reformas, entre ellas la de Lutero, en el siglo XVI, que pretende emanciparse del poder de los clérigos y del papado para regresar a los principios fundamentales del Evangelio: la pobreza, la relación directa con Dios, la igualdad de todos. Pero mucho antes de Lutero, las órdenes religiosas y las corrientes místicas permitieron a numerosos cristianos emanciparse, por la interioridad, del excesivo peso de la institución.

Las corrientes espirituales que profesaban una ortodoxia doctrinal al tiempo que criticaban el poder o la corrupción de los clérigos pudieron, en cierto modo, ser asimiladas por la institución y a menudo contribuyeron a su reforma interna. Así sucede con las órdenes monásticas. Se ve muy bien con Bernardo y los cistercienses o Francisco de Asís y los franciscanos. Pero quienes se desviaron del dogma fueron erradicados por la Inquisición. Así sucedió con los cátaros y con numerosos movimientos místicos, como el de las beguinas, aquellas mujeres adeptas del "libre espíritu". Lutero cuestionará también algunos aspectos del dogma, pero en su época la Iglesia carecía ya de los medios para luchar contra las corrientes contestatarias. Fue protegido por un príncipe alemán partidario de sus ideas que se negó a entregarle al papa. La Reforma protestante convenció muy pronto a numerosos príncipes y reyes, felices al librarse así del imperio de Roma. El Renacimiento, con el redescubrimiento del humanismo griego, tuvo un impacto decisivo sobre la religión cristiana devolviéndola a sus fuentes que están, a fin de cuentas, muy cerca de ese ideal democrático y de autonomía del sujeto, de liberación del individuo con respecto al grupo.

Maestros espirituales

Volvamos a la espiritualidad, que he definido como una experiencia personal de lo divino. ¿Significa esto que no hay ya necesidad de Iglesias, de clérigos, de sacerdotes, de rabinos, de bonzos o de imanes para llevar a cabo una búsqueda espiritual? El carácter individual de la búsqueda en nada suprime la necesidad de guías, estén muertos o vivos. Pero la figura del guía, es decir, de quien ha realizado todo o parte del camino antes que tú, sustituye cada vez más a menudo a la de la institución que te dice sencillamente lo que debe creerse y no creerse, hacer y no hacer. Ahora bien, la mayoría de los guías se encuentran en el propio seno de las religiones. Son religiosos que tienen una profunda vida interior y saben transmitir las modalidades de una experiencia espiritual. Enseñarán al discípulo a cómo orar, meditar, escapar de las trampas o las ilusiones de la vida espiritual. Antaño, todos los guías espirituales formaban parte de una tradición religiosa: monjes, lamas, sacerdotes, cabalistas, sufís, etcétera En nuestros días, cada vez existen más maestros espirituales al margen de las tradiciones o en la encrucijada de varias tradiciones (como monjes católicos que predican la meditación Zen). Pero también existen cada vez más iluminados y charlatanes que utilizan la espiritualidad para ejercer cierto poder sobre otros. La elección de un guía exige, pues, gran discernimiento.

¿Cómo discernir un verdadero maestro de un «gurú»?

No me gusta demasiado el modo en que la palabra "gurú" se utiliza en Occidente, pues en la India esta palabra, que significa "amigo espiritual", no es en absoluto peyorativa. Ha tomado la connotación de "charlatán" a causa de ciertos gurús indios cuyo movimiento cayó en graves derivas sectarias durante los años 1970. Discernir entre un verdadero maestro y un estafador es, en el fondo, bastante sencillo: el dinero y la dependencia. El verdadero maestro no hace de importantes sumas de dinero una condición indispensable para el seguimiento de sus enseñanzas y no intenta crear una dependencia entre él y sus discípulos. Por el contrario, tiene por objetivo hacerles autónomos puesto que, una vez más, este es el objetivo de la espiritualidad. A la inversa, el charlatán intenta crear una adicción. El vínculo sectario hace que el discípulo sea totalmente dependiente del grupo o de su líder. Y muy a menudo se ve atrapado también en un engranaje financiero.

Quiero precisar que el hecho de pertenecer a una gran religión no preserva de la deriva sectaria. Conozco, por ejemplo, a lamas tibetanos y a sacerdotes católicos muy carismáticos que son auténticos perversos, que manipulan a sus discípulos para dominarlos como haría un estafador cualquiera de un grupo sectario. Existen por lo demás casos recientes y muy conocidos, como el del fundador del movimiento de los Legionarios de Cristo, muy cercano a Juan Pablo II. Benedicto XVI acaba de reconocer su carácter totalmente perverso tras innumerables quejas de antiguos adeptos, especialmente por pedofilia. A la inversa, hay guías espirituales al margen de las grandes religiones que son sinceros y desinteresados. Pienso por ejemplo en Krishnamurti. No hay que decir pues: «No está vinculado a una institución religiosa de relevancia pública: ¡es un charlatán!». O, a la inversa: «Es miembro de una institución: garantía de autenticidad». Debe discernirse siempre caso por caso, a partir de estos criterios: probidad moral, desinterés material y deseo de hacer autónomos a los discípulos.

Es una gran suerte para quienes han iniciado un camino espiritual encontrar un guía auténtico, aunque a fin de cuentas estos sean bastante escasos. Pero cierto es que los escritos y el ejemplo de los grandes testigos y sabios del pasado, cuando tienen un carácter universal, pueden ayudar a vivir a cualquier ser humano en no importa qué época. Las enseñanzas del Buda, de Confucio, de Sócrates, de Epicteto o de Jesús, por ejemplo, no se han marchitado y responden siempre con pertinencia a las mismas preguntas: ¿qué es una vida realizada? ¿Cómo amar? ¿Qué es la verdadera felicidad? ¿Cómo ser verdaderamente libre?

Creencias *post mórtem*: los egipcios

Con la individualización pudo verse también cómo se desarrollaba, durante el primer milenio antes de nuestra era, un más aguzado sentido del más allá. El hombre parece preocuparse más no solo por su felicidad en la Tierra, sino también por su felicidad después de la muerte. Los egipcios fueron los primeros en producir una teología de la vida después de la muerte, en detallar y balizar el camino hacia la otra orilla, hacia el otro mundo, el habitado por los dioses. Dicho de otro modo, en dar a los fieles las llaves de acceso a ese mundo. Siendo la primera llave la momificación del cuerpo: consideraban que el alma no puede sobrevivir a la disolución de su envoltura carnal. Las técnicas de embalsamamiento, rudimentarias primero, fueron puestas a punto por la primera dinastía faraónica, 3 100 años antes de nuestra era, y se hicieron cada vez más complejas antes de democratizarse durante el primer milenio anterior a nuestra era. La segunda llave, que se encuentra a menudo en las tradiciones ulteriores, es una planificación escrupulosamente establecida, una guía de viaje con las distintas etapas del recorrido que el alma deberá seguir: los obstáculos con los que va a topar y los medios para superarlos, los seres sobrenaturales con los que va a encontrarse, las trampas tendidas por crueles divinidades, las preguntas que van a hacerle y el modo de responder a ellas, mil pequeños consejos juiciosos para evitar las celadas. Un ejemplar de esta guía de viaje, dividida en 165 capítulos, era depositado en la tumba, junto al muerto, de modo que pudiera remitirse a él si se perdía por el camino. Es el famoso *Libro egipcio de los muertos*. La tercera llave, por su parte, se conquista durante la vida terrenal. Se trata del conjunto de las buenas acciones que cada cual debe realizar, para superar así la prueba del "pesado del alma" por el dios Anubis; el alma debe ser más ligera que una pluma para acceder al mundo de los dioses, contemplar a Ra, el dios supremo, y vivir en la felicidad. Los egipcios diferenciaban el devenir de los buenos y el de los malvados: los primeros estaban destinados a una especie de paraíso, los segundos, a la disolución en la nada tras haber sido engullidos por Ammit la Devoradora, una temible diosa. Los egipcios introdujeron también la noción de resurrección de los cuerpos, aunque no utilizaran esta palabra. En su teología, cuando el alma alcanzaba el mundo de los dioses, estos le abrían los orificios tapados durante la momificación para permitirle volver a vivir con aquel cuerpo, comer, vestirse, perfumarse, es decir, gozar de la vida eterna, un calco de la vida terrenal pero... mejor. Algo que, para ellos, era imposible sin cuerpo físico.

Mesopotamia y judaísmo antiguo: la "noche" de los muertos

Hasta la segunda mitad del primer milenio antes de nuestra era, las demás civilizaciones, en cualquier caso las que nos han dejado huellas escritas, no desplegaban una gran imaginación para describir la vida después de la muerte. Las civilizaciones del Medio Oriente y del área mediterránea postulaban una supervivencia eterna del alma, que imaginaban como un eterno vagabundeo por alguna región subterránea, en un lugar temible y oscuro donde cohabitaban los buenos y los malos. Aquel más allá excluía la idea de justicia divina: los dioses no existían para ocuparse de los muertos, sino de los vivos y, de modo más general, del buen funcionamiento del cosmos. Encontramos también este más allá entre los sumerios y los acadios. Su arquetipo es el Arallu de los babilonios, del que nos facilita una descripción la *Epopeya de Gilgamesh*, un texto escrito 25 siglos antes de nuestra era donde se cuenta la historia de Gilgamesh que desciende a lo que yo llamaría un infierno para salvar a su amigo Enkidu. Narra con detalle esa "morada" rodeada de siete infranqueables murallas, «cuyos habitantes están privados de luz, donde el polvo alimenta su hambre, donde el pan es de arcilla», los suplicios a los que están sometidas las almas, sin posible escapatoria. Nadie tiene ganas de dirigirse a semejante lugar, pero nadie tiene otra alternativa: ese es el destino de todos los vivos. Y estas civilizaciones multiplican los rituales religiosos *post mórtem* en primer lugar, y ante todo, para protegerse del regreso de los muertos en forma de fantasmas o aparecidos, forzosamente llenos de malas intenciones, forzosamente ávidos de venganza.

El judaísmo se interesa muy tardíamente por la vida después de la muerte. Los textos más antiguos mencionan el Sheol, que es una especie de inmensa tumba situada en las profundidades de la tierra, casi comparable con el Arallu, salvo porque los muertos no sufren allí suplicios: llevan una especie de semiexistencia indefinible de la que, por otra parte, nada hay que decir. En los Salmos, el Sheol es denominado «lugar de angustia», «país del olvido» del que ni siquiera Dios «tiene ya el recuerdo», hasta el punto de que sus habitantes están «separados de (Su) mano» (Salmos, 88, 6). Tras su curación, Ezequiel, rey de Judea, se dirige así a Dios: «No te alaba el Sheol, ni te celebra la muerte. No esperan ya en tu fidelidad quienes descienden a la fosa. El vivo, solo el vivo te alaba, como yo hoy» (Isaías, 28, 18-19). Esta concepción persiste aún en el siglo IV antes de nuestra era, cuando comienzan a difundirse en la sociedad judía ciertas ideas según las cuales Dios sabrá reconocer a sus fieles y retribuirles, de un modo u otro, después de la muerte.

El juicio final: zoroastrismo y cristianismo

Al revés que en otras religiones que existían en aquella época, el zoroastrismo desarrolla una visión del más allá especialmente extendida, basada en la teoría de la salvación del alma y del juicio final. De ese modo, escinde el más allá en dos: un infierno y un paraíso, e incluye en su teología un elemento inédito: la posibilidad de una purificación *post mórtem*, lo que el cristianismo denominará mucho más tarde el purgatorio. Los textos zoroástricos más antiguos describen con multitud de detalles las etapas del juicio individual de las almas. Durante los tres días que siguen al fallecimiento, precisan, el alma recuerda todas sus acciones pasadas, las buenas y las malas, y comparece entonces ante tres jueces, Mihr, Rashu y Srosh, que pesan todas estas acciones en una balanza de oro y le hacen atravesar un puente que va encogiéndose. Las almas más pesadas no pueden avanzar ya, tropiezan y caen en un barranco cuya hediondez y oscuridad disminuyen a medida que se avanza. A medio camino se encuentra una zona neutra, la "Casa de los pesos iguales", luego se abre una sucesión de zonas cada vez más agradables. Las almas más realizadas, las que cruzan el puente sin caer, acceden al reino de Ahura-Mazda, el Dios único, y viven en su luz eterna. Por lo que a las demás se refiere, se purifican con el tiempo preparándose para el Juicio Final: en el fin de los tiempos, Dios resucitará a todos los seres humanos para juzgarlos. Esta idea, muy innovadora, del juicio final prefigura la que será desarrollada por el judaísmo, más aún por el cristianismo y, finalmente, retomada por el islam.

Los primeros cristianos creían en la inminencia del fin del mundo, cuando Jesús regresaría para juzgar a los vivos y a los muertos (la parusía). Pero solo a partir del siglo IV, cuando la Iglesia deja de ser perseguida y comienza a decirse que el fin del mundo se hace esperar, los cristianos se interesan más por las especulaciones sobre el devenir de las almas después de la muerte. Despliegan entonces tesoros de imaginación sobre la materia. Teólogos como Ambrosio o Gregorio de Nisa le consagran algunos compendios. En el siglo vi, el papa Gregorio Magno establece incluso una cartografía del más allá, con un paraíso de los justos instalado en el Cielo, junto a Dios, un infierno subterráneo y un lugar de purificación transitoria, que en el siglo xii se denominará el purgatorio. Puesto que el fin del mundo no se percibe ya como inminente, se intenta comprender lo que aguarda al difunto después de su muerte. Se desarrolla así la idea del juicio particular. En función de su fe y de sus acciones, buenas o malas, el difunto va inmediatamente después de la muerte al paraíso (visión beatífica de Dios), o a un infierno provisional, o a un lugar de purgación que algún día le conducirá al paraíso. Pero permanece la idea de que solo al final de los tiempos, cuando Cristo venga a juzgar a todos los seres humanos, se llevará a cabo la resurrección de los cuerpos y la selección definitiva entre Vida eterna bienaventurada para unos e infierno eterno para los demás.

El paraíso y el infierno en los monoteísmos

Ni la Biblia ni los Evangelios describen el paraíso. Se menciona sencillamente el "Reino de Dios" donde los justos viven en una felicidad eterna. El Corán, en cambio, consagra numerosísimos versículos a ese suntuoso jardín, regado por torrentes de leche y miel, amueblado con lechos, situados unos frente a otros, donde descansan vírgenes de grandes ojos negros, y tapices de brocado: un lujurioso oasis donde los creyentes gozan, además, de la visión divina. Los tres monoteísmos hablan, a fin de cuentas, mucho más del infierno que del paraíso. Describen con muchos detalles los horrores que aguardan a los "malvados" después de su muerte. La Biblia no describe el infierno, pero algunos comentarios talmúdicos lo dividen en siete estratos cada vez más temibles a medida que vas hundiéndote bajo tierra, y los peores entre los hombres ni siquiera tienen derecho al séptimo estrato: sus almas son aniquiladas. Los Evangelios son más prolijos que la Biblia sobre la cuestión: un «ardiente brasero donde habrá llanto y rechinar de dientes» (Mateo, 13, 42 y 50), un «fuego eterno preparado para el diablo y sus ángeles» (25, 41). El apocalipsis de Juan describe los demonios, los condenados sometidos a tortura «en el estanque de fuego y de azufre» (20, 10). De ese modo, se comprende que la literatura cristiana consagrada a la descripción del infierno haya sido muy abundante. San Agustín afirma la existencia del infierno como lugar físico dotado de un fuego purificador que quema sin consumir. Confirma la existencia de un infierno provisional (que acoge a los condenados en cuanto mueren), y un infierno definitivo donde «los sufrimientos de los malvados son más penosos porque son atormentados con sus cuerpos» (*In Johannem Tractatus*). El papa Gregorio Magno precisa que los condenados son allí atormentados por demonios especializados, cada uno de ellos, en la sanción de un vicio preciso. Por lo que al Corán se refiere, es prolífico en descripciones infernales que nada tienen que envidiar a las que encontramos en la literatura cristiana de los primeros siglos. Se habla de calderos de aceite hirviente, de garrotes de hierro, de metal fundido y, claro está, de fuego y de muchas cosas más.

Dicho esto, según los tres monoteísmos, el más cruel sufrimiento sigue siendo la lejanía de Dios. Más allá de esas penas –suplicios en los que la mayoría de los fieles de Occidente no creen ya–, lo que constituye la verdadera pena infernal es la privación del Bien supremo: Dios.

La resurrección de los cuerpos

Inspirándose en el hermosísimo pasaje del libro de Ezequiel donde Dios resucita los cuerpos y les da de nuevo carne, la literatura escatológica judía describe cómo las almas, en el juicio final, regresan al polvo para reconstituirse en cuerpos de carne, y, por regla general, la opinión predominante estima que habrá reconstitución íntegra de la persona, en cuerpo y alma. De ahí las fuertes reticencias actuales del judaísmo rabínico a la donación de órganos *post mórtem*. La cuestión de la resurrección desencadena discusiones talmúdicas: ¿quién resucitará? ¿Todo el mundo? ¿Solo los justos? ¿Cuándo resucitarán? ¿Con el advenimiento del Mesías? ¿El día del Juicio Final? ¿Resucitarán todos los muertos o solo los que están enterrados en Israel? ¿Los cuerpos se reconstituirán de modo idéntico o estaremos dotados de nuevos cuerpos? ¿Desnudos o vestidos? Evidentemente, nadie tiene la respuesta y la mayoría de los rabinos se muestra circunspecta, ateniéndose al consejo de Maimónides: nada podemos saber sobre cómo se llevará a cabo esta resurrección...

Todas las Iglesias cristianas, sean cuales sean sus divergencias, hacen de la resurrección de Cristo, tres días después de su muerte, un acto de fe. Recordaré la exclamación de Pablo ante los corintios, aparentemente dubitativos: «Si se predica que Cristo resucitó de entre los muertos, ¿cómo algunos de vosotros pueden decir que no hay resurrección de los muertos?» (Corintios, I, 15, 12). El conjunto de las naciones, según los Evangelios, está concernido por la resurrección final: todo el mundo comparecerá ante el tribunal divino. Tras ello, cada cual será retribuido según sus actos. Por lo que se refiere a la cuestión de saber quién de nosotros resucitará, el corpus sacro cristiano aporta dos respuestas distintas. A los romanos, san Pablo les dice que Cristo resucitará también los cuerpos (Romanos, 8, 11). Con los corintios se muestra menos categórico: «Se levanta el cuerpo espiritual» (Corintios, I, 15, 44). Las Iglesias ortodoxas y protestantes prefieren, por lo demás, hablar de una «resurrección de los muertos», mientras que la Iglesia católica ha elegido la expresión «resurrección de la carne». El artículo 1059 del Catecismo de la Iglesia católica avanza mucho en este tema al afirmar que el día del Juicio «todos los hombres comparecerán con su propio cuerpo ante el tribunal de Cristo».

Eso es exactamente lo que encontramos en el islam donde, según el Corán, los muertos se incorporarán aquel día en sus tumbas, sus cuerpos se revestirán de carne y se reunirán para rendir cuentas, por segunda vez, ante Dios, de sus actos. Pues, para los musulmanes, el muerto es sometido de inmediato a un primer juicio, llamado el "juicio de la tumba", que determina el lugar asignado a cada cual en función de las acciones, buenas o malas, que ha llevado a cabo aquí abajo. Unos conocen las delicias del paraíso, otros los horrores del infierno, hasta el día del Juicio Final y de la resurrección postrera, cuando comparezcamos todos ante Dios. Los condenados conocerán, por toda la eternidad, un infierno más terrible aún, y los salvados un paraíso aún más maravilloso.

6. Lo Absoluto impersonal de las sabidurías orientales

Hasta ahora hemos hablado, sobre todo, de las religiones nacidas en un mismo mantillo, el del Próximo Oriente, antes de diseminarse por el mundo. Pero Asia es un mantillo muy distinto, que facilitó una plataforma zócalo de desarrollo a religiones muy diferentes de esos tres monoteísmos: el hinduismo, el budismo, el jainismo y las tradiciones chinas, entre otras. En estas tradiciones, lo divino, cuando se reflexiona sobre ello, suele reducirse a una noción muy impersonal, alejada de las preocupaciones de los teólogos monoteístas. Sería más acertado hablar de este divino como lo Absoluto mejor que como Dios. Este Absoluto que puede adoptar formas muy diversas no es un Dios creador y su papel no es el de recompensar o castigar. ¿Qué sabemos de él? ¿Cómo definirlo?

De la India védica a las *Upanishads*

Comenzaré remontándome en la historia. El valle del Indo fue colonizado, a comienzos del segundo milenio antes de nuestra era, por el pueblo ario originario de las llanuras del Cáucaso. Parte de sus creencias irrigará al antepasado de un gran sector de las tradiciones orientales: la religión védica. Esta nació en la India 1 000 o 1 500 años antes de nuestra era. Se sabe que esta religión estaba dotada de un panteón complejo, con dioses superiores, semidioses, genios, toda una población celestial a la que había que honrar permanentemente: la tarea correspondía a los sacerdotes.

Esta casta privilegiada pasaba su tiempo efectuando rituales complejos y ofreciendo sacrificios. El hinduismo nació como reacción a esta religión, aunque integrará sus textos sagrados, los *Vedas*, de los que uno de los más antiguos, el *Rig-Veda*, canta las loanzas de distintos dioses del cosmos que dan la riqueza y la vida a sus fieles. Pero el hinduismo produjo también sus propios textos, en especial las *Upanishads*, cuyo origen se remonta aproximadamente al siglo VII antes de nuestra era, habiendo sido compuestos los más tardíos (existen un centenar) hacia el siglo II antes de nuestra era.

Estos textos son considerados por sus adeptos como "revelados", al igual que la Biblia o el Corán, pero no por un Dios personal y creador que habría hablado con algunos profetas. Los hindúes consideran que esos textos son enseñanzas de grandes sabios inspirados, transmitidos oralmente al principio, antes de ser puestos por escrito. El *Shvetashvatara Upanishad* es particularmente interesante en lo que nos concierne. Introduce elementos que no se encontraban en la religión védica, en especial la idea de una inteligencia superior que no "gestiona" por medio de los humanos: su tarea se encuentra a otro nivel, el de la gestión del universo. Mantiene el orden cósmico y se acerca al Principio supremo que emergía por aquel entonces en la filosofía griega, el *Logos* de Heráclito o el *Nous* de Anaxágoras: una inteligencia organizadora y directora del mundo. Las más antiguas *Upanishads* están casi por entero consagradas a la definición de lo Absoluto, ejercicio difícil en la medida en que no es un ser ni una persona, sino una esencia cósmica, un gran Todo –el brahman–, una parcela del cual reside en todo ser: el *atman* (el alma individual, en cierto modo).

Los dioses de la India

Sin embargo, existen en el hinduismo miles de dioses. Pero esos innumerables dioses son solo las manifestaciones, las formas podríamos decir, de un indefinible Absoluto. Precisamente porque nada puede decirse de este Absoluto es posible venerar una multitud de divinidades que son sus diversas expresiones.

En el panteón hindú, por encima de esta multitud de dioses, existe una triada, la Trimurti, literalmente "la triple forma", es decir, las tres principales formas de lo divino. Brahma está en lo más alto. Siendo a su vez una figuración del brahman (lo Absoluto impersonal), es un Dios supremo que no recibe culto y no es objeto de devoción. Su función, no obstante, es crucial en las tradiciones donde no se postula el comienzo ni el final del mundo, sino una sucesión de eras cósmicas, acabando la una para ser sustituida por otra. Cada vez que una era concluye y se pone en marcha un nuevo universo, Brahma actúa de modo que los distintos elementos preexistentes (no los crea) se coloquen de modo coherente. Brahma es el garante del orden. El segundo elemento de esa triada es Vishnu, la manifestación de la bondad divina que mantiene, permanentemente, la armonía universal. El tercer elemento es Shiva, mucho más ambivalente. Tiene una función temible de destrucción, algo indispensable en la visión cosmogónica hindú donde un universo se destruye y otro se crea en su lugar. Pero es también una forma divina protectora para quien sabe conducirla hacia ese poder. Esta "Trimurti" nos hace pensar, evidentemente, en la Trinidad cristiana. Como mostró el lingüista y filólogo Georges Dumézil, la importancia de la cifra tres en la estructuración de lo divino y las sociedades procede de los arios, antepasados comunes de los pueblos indoeuropeos. Pero Brahma, Vishnu y Shiva no son tres personas divinas: son tres manifestaciones de un divino impersonal. Del que nada puede saberse.

Avatares

Rama y Krishna están en pleno corazón de las grandes epopeyas hindúes, como el *Mahabharata* o la *Bhagavad-gita*, el libro religioso más popular en la India. ¿Qué representan estas figuras divinas? Son avatares (nombre que inspiró el título de la película de Cameron) de Vishnu o de Shiva: representaciones o "descendimientos" del principio divino, que son objeto de devoción. La multitud de los avatares divinos está en el meollo de la religión hindú. De hecho, las dos grandes ramas del hinduismo contemporáneo, el shivaísmo y el vishnuismo, son dos modos muy distintos de vivir una misma plataforma de creencias.

El shivaísmo, conocido también con el nombre de Advaita, literalmente "no dos", se divide asimismo en numerosas escuelas. Tienen como tronco común la doctrina de la no dualidad, la no diferenciación entre el individuo y el Todo, el brahman y el *atman*, y a esa fusión aspira el fiel. En las filas shivaístas se encuentran los ascetas. Una de las figuras principales de esta vía espiritual es Shankara, un gran sabio del siglo VIII que teorizó el concepto de la no dualidad. En el siglo XX, su principal representante fue Ramana Maharshi.

Si tuviera que resumir en dos palabras el vishnuismo, estas serían "amor" y "devoción". Los adeptos de Vishnu y de sus numerosos avatares (de los que Krishna es el más popular) representan del 75 al 80% de los hindúes. Son los campeones del *bhakti*, literalmente la "devoción", aunque puedan verse shivaístas entregándose igualmente a ella. El *bhakti* es la religión popular por excelencia. Tiene por objeto tanto a Vishnu, Shiva y sus avatares, como a uno de los innumerables dioses de esa India llamado «el mandala de los treinta y tres millones de dioses», de los que uno de los más populares es Ganesh, el dios con cabeza de elefante.

No todos los fieles rezan a las mismas figuras: cada cual se apropia del dios o la diosa que le conviene, por tradición familiar, por elección personal, porque su templo le resulta próximo, porque es la divinidad específica de su aldea o de su casa, y teje efectivamente con él (o con ella) un vínculo tan íntimo y personal como el judío, el cristiano o el musulmán con Dios. Se dirige a su estatua o a su imagen, que pone muy de relieve en su casa, y le hace ofrendas de flores, leche, incienso o fruta, lo alaba, le da las gracias, le transmite sus peticiones y se lo agradece cuando estas son satisfechas. Es una religión popular, profunda, muy extendida entre los 1 000 millones de hindúes. Se plasma en gigantescas y constantes peregrinaciones (los hindúes son los mayores peregrinos del mundo), llevadas a cabo con gran fervor dado que la creencia popular afirma que permiten acumular méritos con vistas a un renacimiento mejor.

Yoga y gurús

El yoga, practicado en la India desde hace milenios, se puso de moda en Occidente hace ya algunos decenios. En la India no se trata de una especie de gimnasia suave para ciudadanos estresados, sino de una práctica espiritual y filosófica que se vincula al shivaísmo aunque sea, de hecho, aprovechada por todos los hindúes. Es una de las numerosas técnicas de ascesis que se describen en las *Upanishads*. La palabra "yoga" procede de la raíz *iuj*, que significa "uncir juntos", o "unir". Un texto, el *Yoga Sutra*, compuesto de 195 aforismos y que tomó forma hacia el siglo II antes de nuestra era, enuncia los preceptos de esta disciplina que une el control de la respiración, técnicas corporales, meditaciones y, también, obligaciones morales y religiosas, como la no violencia, el rechazo de la mentira y el robo, la continencia sexual, la pureza, el ardor ascético... De hecho, no existe uno sino numerosos yogas, cada uno de los cuales propone sus *yama*, sus métodos para conseguir la calma del espíritu, desconectarlo de todas las perturbaciones y unirlo al cuerpo de un modo armonioso. En sus orígenes, el yoga solo era practicado por los ascetas. Todavía hoy, el objetivo último del yogui es convertirse en un "liberado vivo", un *sadhu* que alcanza la liberación aquí abajo. Habiendo roto todos sus vínculos materiales, habiendo superado sus propios deseos, los *sadhus* acceden al Conocimiento supremo. Son atravesados por lo divino, se fusionan con él, ya solo forman uno con el brahman, lo Absoluto. Los *sadhus* –que no todos han alcanzado este ideal, pero están por entero consagrados a él– serían hoy de 4 a 5 millones en la India.

No hay institución ni ortodoxia en el hinduismo, sino un fundamento conceptual común sobre el que prosperan las múltiples prácticas. Por el contrario, en todas las vías de las que he hablado existe un personaje central, el eje de la práctica religiosa: es el gurú, el maestro, el profesor junto al que el fiel aprende a efectuar su andadura. No hay yogui sin gurú, no hay *ashram* sin gurú, no hay enseñanza sin gurú. Este maestro transmite el saber que él mismo adquirió junto a otros maestros y, mucho más que eso, transmite su experiencia. Hasta en las aldeas más apartadas de la India encontraremos siempre un gurú rodeado de sus discípulos, más o menos numerosos según la fama que haya adquirido. Los discípulos, por su parte, están plenamente sometidos al maestro, algo que puede chocar con el entendimiento occidental, pero que participa, según la concepción hindú, de la *moshka*, la liberación.

La reencarnación en el hinduismo y el budismo

Los hindúes creen en la transmigración de las almas, lo que en Occidente denominamos la reencarnación; el *atman*, el alma individual, se reencarna de cuerpo en cuerpo en función del karma acumulado. El karma individual es fruto de una ley universal de causalidad (el *karman*): todo acto engendra un efecto. Puesto que esos actos y esos efectos son más o menos positivos o negativos, la consecuencia es que, después de nuestra muerte, nos reencarnaremos en buenas o malas condiciones. Siendo el objetivo último no reencarnarse ya, puesto que cuanto más positivo sea nuestro karma más estaremos en condiciones de tomar conciencia de que el sentimiento de individualidad es una ilusión. Advertiremos que el *atman* equivale al brahman, que nuestra alma individual es solo parte del Todo y ya ningún egoísmo (y todas sus consecuencias: el deseo, el miedo, la violencia, etcétera) tendrá poder sobre nosotros. Soltaremos el ego. A eso llaman los hindúes la liberación. Entonces abandonaremos el *samsara*, la incesante ronda de los renacimientos, para, en cierto modo, fundirnos en el Todo cósmico y divino. Eso recuerda mucho al budismo: hay que abandonar el *samsara* para llegar al nirvana que se concibe, también, como una especie de liberación. ¿Cuál es la diferencia entre el hinduismo y el budismo? La proximidad de ambas tradiciones, en todo caso por lo que concierne a la base teológica, no es sorprendente: no olvidemos que el Buda nació en la India en el siglo VI antes de nuestra era, en plena difusión de las *Upanishads* y que inició su búsqueda espiritual junto a *sadhus*, ascetas de los bosques, aunque luego se apartara de ellos.

La originalidad del budismo se debe, en parte, al diagnóstico que hace de la causa de nuestro encarcelamiento en el *samsara* y sobre la terapia existencial que propone para liberarse y alcanzar el nirvana. El mensaje del Buda se resume así, de modo muy esquemático, en lo que se denomina las cuatro Nobles Verdades: la vida es sufrimiento; el origen del sufrimiento es el deseo; existe un medio de suprimir este sufrimiento; es el noble camino, la vía que propone el Buda, que conduce a la extinción del sufrimiento por la extinción del deseo y el apego. Esta vía se llama "del medio" porque, tanto en materia de ética como de práctica, rechaza las actitudes extremas, tanto el apego en todas sus formas como las mortificaciones extremas para obligarse al desapego.

Budismo y desapego

El budismo enseña, pues, a suprimir cualquier deseo y cualquier apego. Eso parece austero. Es cierto. Y se olvida demasiado a menudo, en Occidente, el carácter muy exigente de la ascesis budista para conservar solo su faceta "soft": algunas técnicas te ayudan a encontrar cierta serenidad. Está muy bien, pero si decides investirte por completo en la vía predicada por el Buda, te ves conducido al desapego de todo, hasta la desposesión de uno mismo, es decir, la muerte del ego, como en el hinduismo. Ahora bien, en Occidente nos comprometimos hace unos dos siglos en una búsqueda exactamente inversa: la realización de uno mismo. El ser humano intenta extinguirse como individualidad de un lado, y se afirma cada vez más como individualidad por el otro. Hay que tener conciencia de estas diferencias, aunque sea posible intentar encontrar compromisos entre ambas vías, encontrar pertinente cierto aspecto de la filosofía budista –como las leyes de impermanencia o de interdependencia– o la práctica de la meditación.

El Buda partió de una constatación: la vida es dolor. El origen del dolor es la sed, incluso en el sentido del deseo. Deseamos siempre algo y cuando tenemos esa cosa (o ese ser), sufrimos por miedo a perderla. Mientras nos apeguemos a la vida, a los seres, a las cosas materiales, seremos siempre más o menos desgraciados, porque todo es no permanente, todo cambia sin cesar. Pero el Buda busca una felicidad duradera, definitiva. Y explica que esta serenidad perfecta solo puede obtenerse si no estás ya sometido a la ley del deseo y el apego. Lo que, por lo demás, logrará que no nos reencarnemos ya, puesto que la "sed" de vivir se habrá extinguido también. La etimología de la palabra "nirvana" significa "extinción". Por eso, el ideal de la vida budista es la vida monástica que permite renunciar a la sexualidad y a la vida amorosa y familiar que suscitan siempre apego. Por lo demás, el Buda nunca habla de "amor" en su mensaje espiritual, sino de amor universal por medio del término "compasión" –*maitri* en sánscrito–. Y este amor universal hacia todos los seres vivos prohíbe, precisamente, apegarse a determinado ser en particular, de ahí la constante idea, en el budismo, de que es infinitamente más fácil acceder al nirvana por la vía monástica que por la del matrimonio. Ahora podemos comprender también el mensaje del Buda como una incitación a amar de modo no pasional, sin poder y sin expectativa, en una relación con el otro basada en una auténtica donación a la manera del *ágape* cristiano, a fin de cuentas.

El encuentro del budismo y el cristianismo

Estoy convencido de que la filosofía budista puede aportar mucho a Occidente, al igual que la civilización cristiana, según las propias palabras del Dalai Lama, aportó a Asia las nociones de justicia social y de ayuda a los más necesitados, que le faltaban. Estos dos conceptos son, en efecto, ajenos tanto al hinduismo como al budismo que no dan valor a la dimensión material de la existencia: no importa que se sea rico o pobre, que se esté sano o enfermo, lo que cuenta es la liberación interior. El mayor sufrimiento no es el sufrimiento corporal o vinculado a las condiciones materiales de la existencia; es el del espíritu que se encuentra todavía atado y en la ignorancia. Los maestros espirituales se preocupan, pues, solo de enseñar la vía que permite alcanzar la liberación. Ahí se sitúa, para ellos, la verdadera compasión. Puesto que estamos profundamente impregnados de cultura monoteísta, y especialmente cristiana, eso nos sorprende. Pero, para un budista, la liberación del espíritu cuenta infinitamente más que la salud física o el bienestar material. La erradicación de la ignorancia es una tarea más urgente que la erradicación del sufrimiento físico. Por otra parte, la creencia en la ley universal del karma engendra una especie de fatalismo y de indiferencia ante la miseria corporal del otro: de nada sirve querer cambiar el orden de las cosas o ayudar a la gente en la desgracia, puesto que su actual condición procede de actos cometidos en sus vidas anteriores. La madre Teresa comenzó su acción en Calcuta porque ya no soportaba ver morir a la gente en la calle entre la indiferencia general, bebés arrojados a la basura, leprosos amontonados como parias. Y encontró al principio una gran incomprensión y resistencia. Solo después de dos decenios, cuando su obra se conoció en el mundo entero, las conciencias se movieron y la India se la apropió orgullosamente como una heroína nacional. Los orfelinatos, los hospicios, las leproserías, donde se trata a los leprosos como seres humanos de pleno derecho, no nacieron en tierra hindú o budista, sino en un mantillo cristiano que predica el amor al prójimo como mandamiento divino y la transformación del mundo. Considero, pues, muy fecundo el intercambio entre lo mejor que tiene el budismo –el conocimiento de uno mismo, el respeto a la naturaleza, la no violencia– y lo mejor que tiene Occidente –los derechos del hombre y la preocupación por el otro–. Esta es la razón por la que el gran historiador de las civilizaciones Arnold Toynbee (1889-1975) pronunció poco tiempo antes de morir esta frase que dejó estupefacto a su auditorio: «El mayor acontecimiento del siglo xx es el encuentro del budismo y de Occidente».

De Buda al budismo

"Buda" no es un nombre sino un título, que significa "el despierto". Del mismo modo que se habla de "Cristo" para significar "el mesías". Su nombre es Siddharta Gautama, del clan de los Sakias (de donde procede también su nombre de Sakia-muni). Los textos de los que disponemos fueron escritos varios siglos después de su muerte (recuerdo que los Evangelios y el Corán fueron escritos algunas decenas de años después de la muerte de Jesús y de Mahoma) y hacen un relato muy legendario de su vida, aunque su trama principal parece creíble. Se dice que fue hijo de rey, pero era más probablemente hijo de un señor de una pequeña ciudad del norte de la India actual. Impulsado por su búsqueda espiritual, abandonó a su mujer y a su hijo y dejó su palacio. Tras haber llevado una vida extremadamente ascética, alcanza el "Despertar" al cabo de una larga meditación. Luego transmite sus enseñanzas a un pequeño puñado de discípulos. El primer *sangha*, la primera comunidad que creó tras su Despertar, se consagró por entero a la vida espiritual y a la meditación. No dejó de crecer durante los 40 años de predicación itinerante del Buda.

Los *sutras*, textos que cuentan sus enseñanzas, fueron escritos también varios siglos después de su muerte y son el fruto de una larga tradición oral, mencionan numerosos debates filosóficos en el seno de las escuelas del budismo. Pero la principal escisión se produjo, aproximadamente, a comienzos de la era cristiana, es decir, cinco siglos después de la muerte de Buda, entre la escuela de los Antiguos (llamada Theravada), que insiste en la salvación individual, y el movimiento Mahayana (literalmente "Gran vehículo"), que insiste en la compasión activa para todo ser viviente.

El budismo es una sabiduría basada en una experiencia y un pensamiento racional pero, al mismo tiempo, se apoya en una plataforma de creencias que, como decía, están profundamente arraigadas en el universo religioso indio que era el del Buda. Como el hinduismo, el budismo postula la realidad del *samsara*, de la rueda de las existencias, y todas las enseñanzas que ofrece están destinadas a ayudar a los vivos a liberarse de este ciclo para acceder al Despertar, el nirvana, liberándose del peso del karma generado por los actos intencionales que llevamos a cabo por medio del cuerpo, la palabra o el pensamiento. El budismo se distingue, sin embargo, del hinduismo en la medida en que no cree en la realidad substancial del *atman* (el alma). Para él, el *atman* es un agregado provisional destinado a disolverse después de la muerte.

Debate sobre las vidas anteriores

Pero entonces, se objetará, ¿qué es lo que se reencarna, si no hay continuidad de un alma a otra? Hay continuidad, pero no en el plano de la substancia del alma. La continuidad se encuentra en el nivel kármico: el karma sigue produciendo efectos que dan origen a una nueva alma que es una recomposición nueva de elementos psíquicos, emocionales o sensitivos que han existido ya. Eso explica, para los budistas, que los individuos tengan a veces memoria de vidas anteriores: esa memoria no procede de una continuidad de ser, sino de la presencia de residuos kármicos procedentes de pasadas existencias.

En 1967, un neuropsiquiatra canadiense, Ian Stevenson, diseminó sus equipos por todo el mundo para que recogieran esos testimonios en niños que, en un estado de conciencia ordinaria, cuentan semejantes recuerdos, reminiscencias de "otra vida". Se recogieron más de 2 600 testimonios, la mitad en el sudeste asiático, incluida la India, la otra mitad en el Oriente Medio entre drusos y alauitas de Turquía, en Alaska e, incluso, en Europa. Todos estos niños habían nacido en medios que se adherían a la creencia en la reencarnación. Stevenson profundizó especialmente en el estudio de un centenar de casos, "verificando" los recuerdos y advirtiendo que estos desaparecen hacia los siete años de edad, por la presión del medio social. Voy a citar un caso entre ellos: el de un pequeño indio del Prakash que afirmaba tener recuerdos muy precisos de otro niño, Nirman, muerto... un año antes de su nacimiento. Recordaba el nombre de su poblado, el de sus padres y sus amigos. Stevenson acudió con él al lugar: el niño reconoció efectivamente su casa, a los suyos, y los nombró. Pero estaba extrañado por la puerta de entrada de la casa, decía que no era la "verdadera" puerta. Efectivamente, esta se había cambiado tras la muerte de Nirman. Stevenson estudió también, en esos niños, lo que se denomina marcas de nacimiento, y anotó su correlación con los acontecimientos acaecidos en la "otra vida". Un niño cuyo brazo derecho estaba atrofiado "recordaba", por ejemplo, haber matado a su mujer. Yo mismo he conocido a una persona que llevaba permanentemente un pequeño fular alrededor del cuello, desde la infancia, sin saber por qué era preciso que lo llevase. En el marco de una terapia de grupo, y en un estado algo modificado de conciencia, esta persona se visualizó siendo decapitado durante la Revolución francesa. ¡Desde aquel día no lleva ya su fular!

Personalmente, creo que no se puede negar la realidad de ciertos testimonios, pero la explicación de una vida anterior es en exceso precipitada. El propio Stevenson no cesó de exigir la mayor prudencia en la interpretación de sus trabajos, añadiendo que, a pesar de todos los hechos acumulados, no tenía pruebas de la realidad de la reencarnación, pudiendo explicarse también estos "recuerdos" por fenómenos de transmisión del pensamiento. Hay otra explicación posible, la que dio el gran psicólogo suizo Carl Gustav Jung y a la que llama "el inconsciente colectivo": no solo tendríamos memoria de nuestra propia historia, sino también de la de todo el linaje al que pertenecemos, la de nuestra cultura con sus arquetipos, sus mitos, la de personas a las que no conocemos, pero de cuyos recuerdos nos apropiamos. Tenemos la memoria de la humanidad. ¿Las vidas anteriores se confunden con el inconsciente colectivo?

Regresando a la reencarnación en el budismo, no es pues una individualidad (siendo esta siempre una ilusión) la que transmigra de una existencia a otra. Y el acceso al nirvana significa la extinción de una cadena kármica en la que han podido participar millares de seres vivos: plantas, animales, humanos... Pero el Buda precisa, no obstante, que solo la condición humana permite alcanzar la liberación última con la toma de conciencia de que el ego es una ilusión y por la extinción voluntaria de la sed, del deseo.

El caso de los *tulkus* tibetanos

Esta teoría no corresponde realmente a lo que se entiende con respecto a los grandes lamas tibetanos que dicen ser la reencarnación de los maestros espirituales del pasado. En su autobiografía, el Dalai Lama cuenta cómo fue reconocido a los dos años de edad como *tulku* o reencarnación de su predecesor, porque pudo identificar sin equivocarse objetos que le habían pertenecido. Es cierto, pero nos encontramos aquí ante una evolución muy tardía del budismo, que no ha dejado de enriquecerse durante su larga historia con nuevas teorías y nuevas prácticas. El budismo tibetano arraiga en la corriente del budismo llamado del "Gran vehículo" (*mahayana*) que se desarrolló, pues, más de cinco siglos después de la muerte del Buda. Como he mencionado ya, hace hincapié en la compasión universal más que en la liberación individual. La idea que se predica es la de alcanzar el Despertar no ya para liberarse solo del ciclo de los renacimientos, sino para ayudar a todos los seres vivos a liberarse de él. Es lo que se llama la gran compasión (*karuna*) que va mucho más allá que la simple compasión (*maitri*) que solo exige ser benevolente y no hacer daño a los seres sensibles. Todos los que se comprometen en esta vía –que se ha extendido por todo el norte de Asia: desde el Tíbet hasta China, pasando por Japón y Corea– aspiran a convertirse en un *boddhisattva* y hacen voto de acudir en ayuda de todos los seres vivos. Un *boddhisattva* es, pues, un ser que ha alcanzado el Despertar, pero que decide regresar a la Tierra después de su muerte para seguir ayudando a los seres a alcanzar también el Despertar. Entonces, el proceso de reencarnación difiere: la conciencia del Despertar se mantiene tras la muerte del cuerpo físico y puede voluntariamente programar su futura encarnación en ese o aquel cuerpo. Su espíritu conservará también los rasgos fundamentales de su precedente individualidad (y en especial todas sus adquisiciones de sabiduría) puesto que no está sometido ya a las mismas leyes de disolución del alma. El Dalai Lama y muchos otros maestros budistas son considerados, así, como *boddhi-sattvas*. Tras su muerte se busca sistemáticamente el rastro de su nueva encarnación.

Los dioses del budismo

Aunque el budismo sea una religión sin Dios, no es por ello una religión sin dioses. El propio Buda creía en la existencia de numerosas deidades y tuvo que batallar con muchas entidades invisibles, en especial demonios. Los budistas creen en la existencia de seres inmateriales llamados *devas*. Pero en ningún momento se dice que estos seres sean "sobrenaturales". Son seres naturales –como las plantas o los hombres– aunque de otra naturaleza. Según la doctrina, estos seres habitan otros planos del universo, y están prisioneros, como nosotros, en la rueda del *samsara*. Rezarles sería solo una ilusión. De hecho, ocurre de un modo muy distinto: estas deidades son, en efecto, objeto de cultos populares, incluso en los templos. Se les reza del mismo modo que los judíos, los cristianos o los musulmanes rezan a Dios: se les dirigen plegarias de peticiones o de agradecimiento; como en los templos hindúes, reciben ofrendas a cambio de su protección. Estas prácticas están alejadas, es cierto, de la doctrina, pero las autoridades budistas no las condenan. Consideran que pueden ayudar a ciertos individuos a progresar por la vía. En el fondo, todas las religiones se parecen puesto que responden a la necesidad de apaciguar al ser humano en sus sufrimientos y sus angustias.

La práctica de la meditación

Si rezar a un Dios personal es una ilusión, la meditación es la práctica más esencial del budismo. Según la tradición budista, el propio Buda había intentado toda suerte de prácticas antes de instalarse bajo un árbol en la aldea de Uruvilva, la actual Bodh Gaya. Haciendo voto de no moverse antes de haber alcanzado la Verdad, se sumió en una profunda meditación. El fundamento de esta práctica merece ser explicitado. Tengo ganas de decir que meditar no es difícil: es sencillamente cuestión de entrenamiento. La primera condición es colocarse en situación de no acción. Aislado del mundo exterior, haces en ti el silencio. No se trata de procurar expulsar todos los pensamientos. Muy al contrario: concentrándote en la respiración, tienes que "dejarlos pasar", es decir, observarlos del mismo modo que se contempla el paisaje cuando vas en tren. Ves una vaca aquí, luego una casa, te dices: «aquí hay una vaca», pero de inmediato ves la casa, y la vaca se olvida ya: no "piensas" en ella una vez la has perdido de vista. Permites así que los pensamientos se sucedan, sin vincularte a ninguno de ellos. No siempre se consigue en el primer intento pero, muy pronto, se aprende a realizar el silencio interior. La conciencia se clarifica, puedes ver cada vez más profundamente en ti mismo. Numerosas técnicas de meditación mucho más elaboradas han sido también puestas a punto por las distintas escuelas budistas, recurriendo a técnicas de visualización, por ejemplo.

Las sabidurías chinas

Partiendo de la India, el budismo se extendió por toda Asia, incluso en China, país poco abierto sin embargo a las tradiciones exteriores. Pero existen también en China corrientes milenarias de sabiduría que comienzan a interesar a los occidentales. China es en sí misma un mundo de gran complejidad. Pero creo que pueden evocarse algunos grandes rasgos comunes en las tradiciones chinas, me refiero a todas las tradiciones nacidas en China y elaboradas sobre conceptos propios del universo mental chino. Así, el concepto del *qi*, una energía vital en perpetuo movimiento, que atraviesa todas las cosas y a todos los seres, que anima el universo y la vida, que circula en cada ser por unos meridianos que se cruzan en ciertos puntos. Este concepto no tiene equivalente en Occidente, ni tampoco en la India. Otro concepto es el del *yin* (la luna, lo femenino, lo frío) y el *yang* (el sol, lo masculino, lo cálido). El *yin* y el *yang*, emblemas del cambio que actúa perpetuamente en el universo, son dos nociones complementarias e indisociables: no tienen sentido el uno sin el otro, no pueden separarse, no pueden oponerse. Podríamos citar también el concepto del *Tao*, que es al mismo tiempo el estado primordial y el principio postrero.

Las religiones chinas tienen en común con la mayoría de las demás tradiciones orientales que no evocan la idea de Dios. No son monoteístas, no postulan tampoco la idea de un comienzo y un final del universo: el Tao existe desde siempre y para siempre. Como los hindúes o los budistas, los chinos creen en la existencia de espíritus superiores naturales –dioses, demonios, espíritus de los muertos–, pero desconfían de ellos.

Confucio

Confucio pensaba que «hay que respetar a los espíritus, pero mantenerse alejado de ellos», dejar que cada cual tenga sus creencias y actuar por una humanidad mejor. La principal obra que se le atribuye, pero que probablemente fue redactada por sus discípulos, *Analectas*, es uno de los libros más leídos del mundo. ¿El personaje es histórico o legendario? Ignoro si su tumba y las de sus numerosos descendientes reunidas en un mismo lugar, Kong Lin, o bosque de los Kong, son prueba de que el personaje existió realmente. Pero en China no se pone en duda la realidad del maestro Kong, llamado Confucio y apodado «el sabio consumado y el primero de los profesores». Habría nacido hacia el 550 antes de nuestra era, habría sido un pequeño funcionario antes de abrir su propia escuela privada, en la que acogía a todos los alumnos, sin distinción de clase o de fortuna, para forjar en ellos la nobleza de corazón, que consideraba superior a la nobleza de sangre. Se cuenta también que buscó en vano, durante años, a un príncipe que le permitiese aplicar sus principios a escala de una provincia. Confucio era ante todo un pedagogo que predicaba principios de rectitud, los únicos que, para él, podían edificar una sociedad armoniosa. Su sabiduría se apoya en la observación de la naturaleza y de sus ciclos contra los que es inútil luchar. Ponía un ejemplo sencillo: más que rezar por la lluvia en verano, es más prudente (y más eficaz) acumular reservas de agua en previsión de la estación seca. Una lógica que aplicó a todas las cosas de la vida. Ninguna técnica, ninguna plegaria, insistía, puede desviar el curso de las cosas. Entonces, mejor es admitir la jerarquía natural, reflejo de la jerarquía del cosmos, e inclinarse ante ella, de ahí su constante preocupación por una disciplina respetuosa que puede, efectivamente, sobresaltarnos hoy. Durante siglos, en la China imperial, cada burgo tenía su edificio dedicado a Confucio donde todos podían ir a aprender a leer y escribir y donde se llevaban a cabo los exámenes imperiales que permitían ingresar en la función pública. El maoísmo puso fin a esta larga tradición.

Lao Zi y el taoísmo

El confucianismo aparece, sobre todo, como una moral; el taoísmo, en cambio, parece mucho más religioso, con sus templos, sus sacerdotes, hombres y mujeres, y su búsqueda de la inmortalidad. Lao Zi (llamado también Lao Tsé), apodado «el viejo maestro», sería el fundador de esta tradición. ¿Vivió efectivamente en el siglo VI antes de nuestra era o es un personaje mito-lógico? Se dice que era un letrado (algunos relatos lo convierten en el maestro de Confucio), pero que conocía también el mundo de las divinidades. Cierto día, dice la leyenda, al advertir el irre-versible declive de la sociedad china en la que vivía, se dirigió hacia el Oeste. Cuando iba a cruzar las fronteras de China, un hombre le suplicó que le ofreciera sus enseñanzas. Redactó el *Daodejing*, el «libro de la Vía y de la Virtud», constituido por 81 aforismos. Es un pequeño texto bastante extraordinario que intenta expresar, a menudo elíptico o paradójico, lo que es el Tao.

Los taoístas consideran que el cuerpo de cada cual contiene todo el cosmos, sus ciclos, sus divinidades, y que el universo es un cuerpo inmenso. El objetivo de esta religión es mantener la armonía entre las distintas energías que atraviesan el cuerpo y el espíritu, y la armonía entre estas y el cosmos. A este pre-cio se conquista la inmortalidad que no es un objetivo, sino la consumación lógica de un perfecto dominio de los equilibrios en uno mismo. Como el hinduismo, el taoísmo es una tradición iniciática que se transmite de maestro a discípulo, implica téc-nicas corporales, reglas alimentarias muy estrictas y, sobre todo, una moralidad sin fisuras, pues cada fallo arrebata años de vida al pecador. Empiezan también a interesar sus prácticas sexua-les que participan, a su vez, en la búsqueda de la inmortalidad. No se trata de una sexualidad desenfrenada, sino casi de un acto religioso, una "danza cósmica" que es el estadio último de la iniciación de los laicos, durante el cual el hombre y la mujer mezclan sus energías, captando el hombre la esencia femenina de la mujer, y la mujer la esencia masculina del hombre. Pero para ello el hombre no debe eyacular. No sé mucho más de ello, puesto que no he sido iniciado.

La religión popular china

No es posible hablar de China sin evocar la "verdadera" religión de los chinos, una religión que carece de nombre y que se conoce con el de "religión popular". Es fruto de toda clase de influencias: el budismo, el taoísmo, el confucianismo, las antiguas creencias chamánicas. Se codean en ella el culto a las divinidades, a los espíritus de la naturaleza y el de los antepasados. Está hecha de ofrendas e incesantes tratos con todos esos seres cuyos templos tanto abundan en China. Pero, por encima de todo, los chinos permanecen vinculados al culto de los antepasados, ampliamente compartido por todos ellos como atestiguan los altares domésticos, sobre los que se depositan las tablillas que contienen las almas de los ancestros, ante las que se hacen ofrendas de arroz, de flores e incluso de alcohol. Es un culto que no ha cambiado mucho desde sus orígenes...

La represión comunista

Con la revolución comunista se inició un período de represión para todas las religiones, calificadas de "supersticiones". En

1957, viendo que mucha gente seguía practicando en secreto, el Gobierno chino fundó asociaciones culturales destinadas a ceñir estrechamente el culto. Pero la revolución cultural puso fin a esta corta apertura y una terrible represión cayó de nuevo sobre las religiones. Con la llegada al poder de Deng Chiao Ping, en 1979, esta se atenuó mucho y se estableció un *modus vivendi* entre el Estado y las religiones, a condición de que estas "funcionen" bajo el estrecho control de las autoridades. Actualmente, hay un verdadero entusiasmo de los chinos por las espiritualidades y, especialmente, por el redescubrimiento del confucianismo. El cristianismo se expande también de modo espectacular desde hace unos decenios y al parecer tiene varios centenares de millones de fieles. Están por una parte los evangélicos protestantes y, por la otra, los católicos. Pero la Iglesia católica está escindida en dos corrientes: la Iglesia oficial, cuyos obispos y sacerdotes son nombrados por el Estado, y una muy próspera Iglesia llamada "subterránea", reconocida por el Vaticano, que nombra a sus obispos y cuyo culto se organiza con la mayor discreción, por falta de autorización.

El drama del Tíbet

En el Tíbet, hechizante país de tan atractivo pueblo, se desarrolló una forma muy particular de budismo. Una extraña mezcla del budismo indio más antiguo y del más racional –que finalmente desapareció de la India por el doble ataque de hindúes y musulmanes– y de espiritualidad mística, integrando elementos chamánicos, basado en complejas técnicas meditativas y en una enseñanza iniciática. El budismo tibetano posee su propio canon, los *mantras*, fórmulas que favorecen la iluminación, y los *mandalas* o "diagramas cósmicos" utilizados como soporte de meditación. El Estado chino invadió el inmenso Tíbet en 1950; para ponerlo bajo tutela, la emprendió con su religión, aglutinadora de la identidad nacional tibetana. Ya conocemos la continuación, con el exilio del Dalai Lama en 1959, la terrible represión de los monjes y monjas tibetanos, la destrucción de miles de monasterios. Pero actualmente, aunque el budismo tibetano siga estrechamente vigilado y reprimido en el Tíbet, se advierte cierto entusiasmo entre los chinos por esta forma de espiritualidad y los templos budistas tibetanos nunca se vacían en Pequín. Tal vez sea de ese modo –por completo incomprensible para las autoridades comunistas, que creían que acabarían con las supersticiones de los tibetanos– como el Gobierno chino acabará quizás, cierto día, viéndose obligado a respetar la cultura y la religión tibetanas... aun sin devolver a los tibetanos su legítima autonomía política.

7. El Dios de Mahoma

El islam nació en el siglo VII de nuestra era, en pleno desierto de Arabia. ¿Se inscribe, sin embargo, en la continuidad de la historia de las religiones y, en especial, de los monoteísmos que lo preceden? El desierto de Arabia no estaba en absoluto aislado. La Meca, en particular, era un centro neurálgico, la encrucijada donde se cruzaban las caravanas que efectuaban los intercambios comerciales entre la India, el Yemen, Etiopía, Siria, Mesopotamia, Palestina. Era *la* ciudad cosmopolita por excelencia, donde se ejercían todas las influencias. En el siglo II de nuestra era, el griego Ptolomeo se refería ya a ella con el nombre de Macoraba (del etíope *mikrab*, "el templo"). Pues bien, la reputación de La Meca se debía justamente al templo construido junto a la fuente de Zamzam, y que albergaba ya la Kaaba, la famosa piedra negra a cuyo alrededor cumplen los musulmanes sus rituales de circumambulación durante su peregrinación. La tribu de los quraishitas, que reinaba en la ciudad, había adoptado un principio de estricta neutralidad. Neutralidad política (La Meca no tomaba partido en las querellas y las guerras entre los imperios que la rodeaban) y neutralidad religiosa: los paganos, los maniqueos, los judíos y los cristianos de cualquier obediencia podían celebrar allí, con toda libertad, sus cultos. Además de la Kaaba, el templo de la ciudad albergaba a 360 divinidades, entre ellas las tres de la ciudad, las diosas Uzah, Lat y Manat. Se organizaban grandes ferias, que atraían desde muy lejos a los mercaderes, grandes peregrinaciones también, y La Meca era por ello una ciudad especialmente próspera. Las riquezas, claro está, se repartían desigualmente, en especial entre manos del clan que tenía el poder, y cierto número de mecanos permanecían al margen de esa prosperidad.

Mahoma

En este contexto, muy "internacional" a fin de cuentas, nace Mahoma. ¿Quién es el profeta del islam? Es un mecano de la tribu de los quraishitas, aunque perteneciente a una de las ramas desfavorecidas de esta tribu, los Bani Hashem. Su padre muere antes de su nacimiento, hacia el 570, y su madre, cuando tiene cinco o seis años. Es educado por su tío materno, Abu Taleb, un modesto caravanero. Mahoma aprende el oficio y tiene nueve o diez años cuando comienza a acompañar a su tío hasta Damasco, ciudad por aquel entonces muy mayoritariamente cristiana, donde viven también algunos judíos. Como todos los caravaneros, entabla amistad con los autóctonos. Se encuentra especialmente con un eremita cristiano, el monje Bahira, quien, según los relatos de la vida del profeta, habría reconocido su don profético y pedido a Abu Taleb que velara por el niño. En la edad adulta, Mahoma entra al servicio de una rica viuda, Khadija, que posee caravanas. Tiene la reputación de ser íntegro: ella le confía la conducción de sus camellos. Tiene 25 años cuando la desposa, ella tiene 40, fundan una familia y nacen las hijas. En La Meca, por aquel entonces, había aparecido el movimiento de aquellos a quienes se denomina los hanifes. Los hanifes eran monoteístas hastiados del politeísmo, que tampoco se sentían próximos al judaísmo o al cristianismo, y estaban buscando un Dios único, el Dios de Abraham, es decir, lo que podría llamarse, a fin de cuentas, el monoteísmo de los orígenes. Los hanifes no eran numerosos y solían retirarse durante algunos días o algunas semanas a las grutas del monte Hira, una colina cercana a La Meca.

La revelación coránica

¿Era Mahoma uno de ellos? Se ignora, pero efectuaba también retiros regulares y prolongados en aquel monte. Allí, a la edad de 40 años vivió una muy fuerte experiencia espiritual. Según la tradición musulmana, se le aparece un ángel y le ordena: «Lee, en nombre de tu Señor que te ha creado». Y le entrega así un primer versículo coránico, aquel con el que empieza la sura (o capítulo) 96 del Corán. De este modo, dice la tradición, se habría revelado el conjunto del libro santo del islam, "dictado" pues por el ángel, un proceso que se extendió durante 22 años, hasta la muerte de Mahoma. ¿Cómo se desarrolló? El problema es que no disponemos de ningún material ajeno a la hagiografía musulmana y al propio Corán. Las biografías del profeta son, por lo demás, muy tardías y comenzaron a redactarse 200 años después de su muerte. Ahora bien, la historia musulmana de la revelación coránica es un relato tan maravilloso como la historia judía de la revelación bíblica o los evangelios de la infancia de Jesús. Los versículos del ángel, que la tradición identifica como Gabriel, eran transcritos de inmediato por los compañeros de Mahoma en todos los soportes disponibles: omoplatos de camellos, palmas, piedras, pedazos de madera que se guardaban preciosamente, pero ninguno de estos fragmentos ha llegado hasta nosotros.

Estos versículos son detallados: en su mayoría aparecieron como respuesta a situaciones reales, muy concretas, a problemas que se le planteaban a la comunidad. Esquemáticamente, se distinguen los versículos mecanos de los versículos medinenses, más tardíos. Los versículos mecanos están vinculados a la formación de la comunidad que se crea, poco a poco, alrededor de Mahoma para adorar a un Dios único. Se trata, primero, de íntimos del profeta, luego de jóvenes, en su mayoría marginados de la prosperidad de la ciudad, porque no pertenecen a los círculos del poder. Su proselitismo, su agitación, sus incesantes críticas inquietan a los quraishitas deseosos de preservar su ciudad de cualquier disturbio y, sobre todo, de mantener su carácter de "ciudad de todos los dioses". Puede verse cómo varios versículos responden directamente a las críticas que, en aquella época, se dirigen a Mahoma y a los suyos, otros enuncian la nueva doctrina, sus rituales, sus elementos de fe, insisten en la unicidad de Dios, en las virtudes con las que deben adornarse sus fieles, en las retribuciones en el más allá. No obstante, la comunidad de Mahoma aumenta, y la inquietud de los quraishitas se acentúa del mismo modo. Una decena de años después del inicio de la "revelación", la muerte de Khadija, la rica esposa de Mahoma, una mujer influyente, y de su tío Abu Taleb, su protector, obligan al profeta y su comunidad a encontrar refugio en otra parte. Huyen a Yathrib, la actual Medina. Estamos en el 622, año que señala el comienzo del calendario musulmán, llamado calendario de la hégira, literalmente del exilio. Los versículos medinenses (aproximadamente un tercio del Corán) reflejan, por su parte, la puesta en marcha de una comunidad organizada, de un embrión de *umma*, literalmente la nación (musulmana). Reglamentan la vida del grupo, los matrimonios, los pactos, supervisan también las guerras que los primeros musulmanes libran a los mecanos, sus querellas con los judíos y los cristianos de Medina. Los versículos fueron ulteriormente clasificados en suras, o capítulos, sin respetar el orden cronológico de su aparición.

Otro punto importante: la "revelación" se extendió durante más de 20 años, y en este período se dictaron versículos contradictorios. Para resolver este dilema, el islam adoptó el principio de los versículos "derogados" y de los versículos "derogantes" –que por lo tanto derogan los primeros–. Tomemos el ejemplo del vino: en una primera época, el Corán prohíbe simplemente a los creyentes penetrar en una mezquita en estado de embriaguez (4, 45). Y más tarde aparece el versículo que asimila el vino a «una obra del demonio» que debe prohibirse a los fieles (5, 90). Este segundo versículo invalidó el primero.

¿Corán creado o no creado?

Los musulmanes dicen que el Corán "descendió" (sobreentendido, del cielo), que Mahoma no es su autor, sino solo el "transmisor" de la palabra de Alá. Por ello consideran que el libro es intocable. Hasta comienzos del siglo x de nuestra era, una controversia agitó con fuerza el mundo musulmán; se trataba de saber si el Corán había sido creado (por Alá) a medida que iba revelándolo, o si era no creado, es decir, si existía desde toda la eternidad. Los mutazelitas, "racionalistas" a quienes yo compararía con los ilustrados cristianos, eran los defensores de la teoría de un texto creado que, además, era un texto que podía interpretarse, discutirse: el Creador, decían, dio al hombre la razón, y este debe ejercerla, aunque solo sea para responder a una orden divina que consiste, precisamente, en razonar. Pero los mutazelitas toparon con los defensores de la ortodoxia que predicaban contra el libre albedrío y que, en el mismo instante, ponían en marcha los muy tardíos compendios de hadices, los "dichos" del profeta. Para ellos, el hombre solo tenía un deber

para con su Creador: obedecer. Una tesis que resultaba seductora para los califas abasidas, en el poder entonces y blanco de
la protesta, no solo de los mutazelitas, sino también de los chiitas. Estos discutían el poder del califa en beneficio del de los
descendientes del profeta, del que por otra parte continúan rei-
vindicándose. Uniéndose a las tesis tradicionalistas, cuyo jefe
de filas era Ibn Hanbal, el fundador de la escuela hanbalita que
dio origen al wahhabismo saudí, el califato erigió la "no creación" del Corán como dogma. Desde entonces, la tradición musulmana afirma que el texto original, en árabe, lengua en la que
fue "dado" a Mahoma, está colocado, por toda la eternidad, a
la diestra de Alá: es la "Tabla guardada", también llamado "la
madre del Libro".

El método histórico y crítico aplicado al Corán

Hay que aplicar al Corán las técnicas de la exegesis que se apli-
can a todos los demás textos sagrados, especialmente a la Biblia y a los Evangelios. Hay que hacerlo con una perspectiva
distanciada de historiadores. Este es también el trabajo al que
los mutazelitas consideraban que era deber de todo creyente
consagrarse, y otros teólogos musulmanes, a continuación, in-
tentaron realizar una visión crítica de ese texto. Desgraciada-
mente chocaron con un muro de intolerancia, tanto más cuanto algunas voces con autoridad compararon su trabajo con una
blasfemia. Me parece, sin embargo, una lástima privar a los

musulmanes de semejante trabajo. Pues, incluso desde el punto de vista del creyente, sería rendir homenaje a Dios entregarse a él, sin ningún apriorismo, sin ideas preconcebidas. Dios, si existe, nada tiene que temer de un honesto trabajo de investigación de la verdad sobre el establecimiento de los textos sagrados, ya sean la Biblia o el Corán.

Este trabajo de exegesis se inicia con un análisis del propio Corán, que se inscribe, parcialmente, en la continuidad de los demás textos sagrados, incluso de textos apócrifos judíos y cristianos. Retoma algunas historias, aunque contándolas de otro modo. ¡Y eso merece ser descifrado! Vemos también que en el Corán, como en la Biblia, se reflejan las creencias y las costumbres de la época, las estructuras mentales y, asimismo, el vocabulario, el giro de las frases. Si habla de los *djinns* y describe con tanta verbosidad los esplendores del paraíso y los tormentos del infierno, ¿no es acaso para hacerse comprender por la sociedad a la que se dirigía; para inculcarle, puesto que es su objetivo esencial, valores de exigencia que son los del monoteísmo, y que comienzan por la creencia en un Dios único al que se debe rendir cuentas? Mahoma no vivía al margen de la sociedad: no era un eremita, estaba rodeado por sus compañeros, por sus esposas (fue monógamo mientras Khadija vivía, luego, en Medina, practicó la poligamia), tenía contactos fuera de su círculo de fieles, especialmente con judíos y cristianos. Eso es, en todo caso, lo que afirman las siras (vidas) del profeta, así como los hadices. Puedo citar, por ejemplo, un acontecimiento que se produjo justo después de la primera "revelación" en el monte Hira. Según las siras, asustado por la voz que se dirigió a él y convencido de estar poseído por los demonios, Mahoma corrió a casa de su esposa Khadija. Esta le condujo a casa de su propio primo, un tal Waraqa ibn Naufal, un cristiano muy erudito en materia de religión, un sacerdote que leía la Biblia en hebreo (un detalle muy extraño que nos lleva a preguntarnos si Waraqa no sería más bien un rabino). Waraqa, como antes Bahira, no tiene la vocación de ocupar un lugar preponderante en la historia "oficial" del islam. Se dice que habría reconocido los signos de la profecía y confirmado a Mahoma que el ángel que se le había aparecido era Gabriel (Gibril, en árabe), el mismo mensajero enviado por Dios a Moisés y a María, la madre de Jesús. Murió pocos días después de esta entrevista. Tal vez sea cierto, pero la proximidad de Khadija con su primo permite pensar que, durante los 10 o 15 años precedentes, es decir, desde su matrimonio con Mahoma, ambos hombres tuvieron sin duda ocasión de hablar, en especial de las cuestiones religiosas y espirituales de las que al parecer, el joven caravanero, estaba muy ávido.

El Corán y la Biblia

El islam se sitúa en la continuación de las demás "revelaciones": según los musulmanes, viene a "confirmarlas". Se citan así numerosos profetas bíblicos y el islam, además, convierte a Adán en el primero de ellos. Podríamos citar a Moisés,

David, Job, Salomón, pero también a personajes apenas mencionados por la Biblia, mucho más "trabajados" por la tradición oral judía, y que están muy presentes en el Corán, como por ejemplo la reina de Saba. Una atención muy particular se presta a Abraham –Ibrahim en árabe– cuyo nombre aparece en 25 versículos. Este era el ejemplo al que se remitían los hanifes que, en la época del profeta, como ya he dicho, estaban buscando un puro monoteísmo. En el Corán, Abraham tiene un estatuto aparte: no es un profeta como los demás, sino un «amigo íntimo» de Alá (4, 125), el modelo de la fe original llamada el «monoteísmo puro» (16, 123), el relato que de él hace el islam es distinto del relato bíblico, como sucede, por otra parte, con los demás relatos –y no solo por algunos detalles.

Esos añadidos se apoyan en fuentes que han podido identificarse. Una de ellas es un texto que circulaba por aquel entonces en los medios judíos y cristianos y que sin duda leían los hanifes: el *Apocalipsis de Abraham*. Puede verse así a Abraham que, precisa el Corán (3, 67), no era judío ni cristiano, sino que estaba sometido a Alá (literalmente, musulmán), efectuando un viaje celestial. Le vemos oponerse a su pueblo idólatra y huir de él –eso cuenta también el Corán–. Este Apocalipsis insiste también en la destrucción de los ídolos a la que se habría entregado el padre de los monoteístas. Y esto es precisamente un pasaje que se encuentra en el Corán y que, aquí, tiene como escenario La Meca: el islam convierte a Abraham en el fundador de la Kaaba y en el iniciador de los ritos que allí se practican, especialmente la circumambulación. Los detalles de esta escena, tal como la cuenta el Corán, tienen extraños parecidos con lo que se dice en algunos *midrash*, comentarios talmúdicos sobre los libros bíblicos, especialmente en el Génesis Rabda, un *midrash* del siglo v que trata del libro bíblico del Génesis. Pero lo mismo podría decirse de otros acontecimientos "bíblicos" tal como fueron narrados por el libro santo del islam.

Jesús en el Corán

Jesús es citado numerosas veces en el Corán. Se le presenta no como el hijo de dios sino como un profeta. Y este profeta, según el islam, no murió en la cruz: Dios lo sustituyó por un sosias... y elevó al "verdadero" Jesús hasta Él (4, 157, 158). Sorprendentemente, el Corán no da a Jesús su nombre árabe, Yasuh, lo llama Issa, un nombre cuyo origen se ignora. Más concretamente «Issa el hijo de Mariam», María, detalle que debe tenerse en cuenta en una sociedad donde cada cual era "hijo de" su padre, incluso Mahoma, que se llama Mahoma ibn ("hijo de") Abdallah. El nacimiento virginal de Jesús se reconoce: nació, dice el Corán, de un soplo introducido por Dios en María (pero no del propio Dios), y solo Adán comparte este privilegio. Este soplo no se asimila al Espíritu Santo. ¿Es el ángel que llevó a Mahoma la palabra de Dios? Eso permiten pensar algunos versículos, mientras que, en otros, el soplo se asimila a la Palabra creadora de Dios, Su Verbo, es decir, el Logos del Evangelio de Juan. Además, en el Corán aún Jesús es considerado como un profeta superior a otros profetas; forma parte de los mensajeros con quien Alá habló, a quienes «aportó pruebas» (2, 253), es un «signo de Dios» enviado al pueblo de Israel, que se encarga de confirmar la Torá y de hacer lícita parte de los interdictos que allí fueron promulgados (3, 49). Su personaje es presentado como especialmente ejemplar, pero es sobre todo el profeta que anuncia la llegada de Mahoma, llamado aquí Ahmed (61, 6). Al igual que se reconocen los milagros que llevó a cabo. No obstante, su historia, como es narrada en el Corán, se inspira esencialmente en los escritos apócrifos, es decir, en textos cristianos no reconocidos por la Iglesia. Citaré algunos ejemplos: cuando el Corán afirma que Jesús insuflaba la vida en pájaros de arcilla retoma en especial el Evangelio del Pseudo-Mateo, redactado probablemente en el siglo v. Pero donde estos relatos afirman que Jesús llevaba a cabo este milagro en su infancia, el Corán se los atribuye en la edad adulta. Del mismo modo, cuando Jesús ordena a las palmeras que se inclinen para alimentar a su madre, se ve en ello una referencia a la huida de Jerusalén tal como se cuenta en estos mismos relatos apócrifos.

Aunque el Corán atribuya un lugar de excepción a Jesús, se rebela en cambio, con fuerza, contra la Trinidad cristiana, asimilándola a un politeísmo: «¡No digáis tres! ¡Basta! Será mejor para vosotros. Alá es un Dios único. Es demasiado glorioso para tener un hijo» (4, 171). El Corán vuelve varias veces sobre el hecho de que Jesús es un personaje excepcional, pero que no es el hijo de Dios. Creo, por otra parte, que insiste tanto en lo que denomina el "puro monoteísmo", el monoteísmo de Abraham, precisamente por oposición a lo que considera un politeísmo cristiano. Es preciso decir que, en la época de Mahoma, las controversias trinitarias tenían todavía, en Oriente, todo el vigor y no es sorprendente, pues, que el profeta del islam regresara a ese ardiente tema de actualidad en su época. Vemos además, en las suras medinenses, virulentas críticas contra quienes siguen asociando otros dioses a Dios, es decir, los cristianos que, según el islam, habrían deformado el mensaje de Jesús divinizándolo. Esas críticas tampoco respetan a los judíos, a quienes se les reprocha no haber sabido reconocer a Jesús como un profeta.

María, la madre de Jesús, ocupa también un lugar especial en el Corán. ¡Es la única mujer cuyo nombre menciona! Se dice que fue elegida por Alá de entre todas las mujeres (3, 42). Según el relato coránico, fue destinada a Dios por su madre, para protegerla de los demonios (algunos comentarios ulteriores evocarán incluso su inmaculada concepción, 1 000 años antes de que la Iglesia católica la convierta en un dogma). Dios, sigue diciendo el Corán, le reservó «un hermoso recibimiento», y la confió a Zacarías, el padre de Juan Bautista (3, 7). Su vida está rodeada de milagros que no se cuentan en los Evangelios canónicos, pero sí en los apócrifos cristianos.

Influencia de las fuentes externas

Los musulmanes ortodoxos no reconocen la influencia de estas fuentes externas, especialmente de los apócrifos, al igual que los judíos y los cristianos fundamentalistas no reconocen en la Biblia las influencias mesopotámicas, zoroástricas o egipcias que hemos mencionado ya. El Corán cita tres libros sagrados: la Torá, el Evangelio (en singular) y lo que llama el Zabur; ¿se trata de los Salmos, como permite pensar un versículo? ¿Se trata de otros escritos, especialmente los apócrifos cuya huella, como hemos visto, es muy profunda en el Corán? Según este, dichos libros contienen las revelaciones hechas a los profetas anteriores, revelaciones que el islam concluirá. Mahoma fue atacado muy pronto por los mecanos que le acusaban de inspirarse en estas Escrituras anteriores, cuando él mismo afirmaba estar hablando por dictado de Dios –a través del ángel–. Lo sabemos porque al menos un versículo se toma el trabajo de refutar estas acusaciones. Lo cito: «Sabemos perfectamente que dicen: "Es solo un mortal quien lo instruye". Ahora bien, la lengua de aquél a quien aluden es extranjera, cuando esto es una esclarecedora lengua árabe» (16, 103). Mahoma también fue acusado de inventar los versículos, de ahí el que le es "revelado" como respuesta a esta acusación: «Han tratado de mentira lo que no pueden abarcar con su saber y cuya interpretación no les ha llegado aún. Así quienes vivían antes que ellos trataban de impostores a sus mensajeros» (10, 39).

Encontramos también en el Corán una influencia maniquea. El profeta Manes, que vivió en el siglo III de nuestra era, se había atribuido como título «el sello de los profetas», es decir, el último gran profeta. Es exactamente el título con el que se designa a Mahoma: «Khatimat al-anbiya'». Del mismo modo, los cinco pilares del islam son mencionados en el Corán: la profesión de fe, la plegaria, la limosna, el ayuno y la peregrinación. Pues bien, también el maniqueísmo se había dotado de cinco pilares, tres de los cuales vuelven a ser mencionados en el islam: la plegaria, la limosna y el ayuno.

La institución del texto coránico

Volvamos a la constitución del Corán. Hemos visto que, según las fuentes musulmanas, los versículos fueron revelados a Mahoma durante un largo período de tiempo. ¿Cómo se estableció la versión definitiva? La tradición musulmana afirma que, unos 15 años después de la muerte del profeta, los califas, literalmente los sucesores, emprendieron el compendio de los versículos que habían sido anotados por los compañeros. Treinta años después de Mahoma, añade la tradición, Utmán, el tercer califa, terminó de compulsar estos versículos reunidos en suras, ordenados a su vez por tamaño. Lo que se denomina la Vulgata de Utmán fue entonces, también según la tradición, copiada y distribuida por el naciente imperio musulmán. Pero ningún "acuse de recibo" de aquella época ha sido encontrado, lo que a fin de cuentas es extraño. El primer Corán completo que ha llegado hasta nosotros data del siglo IX –es decir el siglo III de la hégira–. Por lo que se refiere a los más antiguos extractos encontrados, copiados sobre papiro o pergamino, datan por su parte de, por lo menos, un siglo después de la muerte de Mahoma. Son fragmentos lacónicos de versículos, muy mal conservados. La historia de la constitución del texto coránico no es lineal. La propia tradición musulmana reconoce que la Vulgata de Utmán no fue única: otras compilaciones aparecieron al mismo tiempo en un clima, hay que precisarlo, de luchas por el califato, que reivindicaba la familia del profeta del islam, pero que había correspondido a algunos compañeros. La tradición cita así los libros de Ubbai Ibn Kaab, de Abdallah Ibn Massud, de Abu Mussa al-Achari, o también de Alí, el yerno del profeta, que será el cuarto califa y es considerado, por el islam chiita, como el primer gran Imán, único poseedor de la verdadera autoridad. Según los chiitas, la versión de Alí era numéricamente mucho más importante que las demás versiones, pero fue "censurada". Utmán habría ordenado su destrucción, al igual que la de todas las demás versiones "no oficiales".

Trabajos universitarios relativamente recientes tienden a demostrar que el Corán, en la versión que conocemos, habría sido redactado mucho más tarde. En los años 1970, el historiador de las religiones John Wansbrough consideró, en sus *Estudios coránicos*, que algunos versículos, los más proféticos, fueron añadidos tardíamente, es decir, en el siglo VIII de nuestra era, que corresponde al siglo II del islam, por compiladores iraquíes.

Ponía de relieve, en especial, las influencias de un cristianismo y un judaísmo tardíos. Su tesis, hay que precisarlo, suscitó muy violentas reacciones en el mundo musulmán. En el 2000, el alemán Christoph Luxenberg sostenía, con un seudónimo, así de delicado es el tema, una tesis publicada cuatro años más tarde con el título de *Die Syro-aramäische Lesart des Koran* (Lectura siro-aramea del Corán). Luxenberg se entrega aquí a un minucioso descifrado del vocabulario coránico. Según los musulmanes, este pertenece al más puro de los árabes. Pero los propios teólogos están de acuerdo en que se encuentran zonas de sombra, palabras desconocidas, que ellos no comprenden y que no tienen etimología alguna. Estas palabras, según Luxenberg, sencillamente no pertenecen al vocabulario árabe, son préstamos tomados de la lengua siro-aramea. Incluso encontró expresiones particulares de la liturgia cristiano-siriaca. A través de esta lectura, el sentido del Corán se ve considerablemente modificado. Además, Luxenberg, y no es el primero que lo dice, afirma que el Corán, en su versión final, no fue establecido veinte o treinta años después de la muerte de Mahoma, sino que es fruto del trabajo de varias generaciones. De hecho, es probable que gran parte del texto fuese establecido durante el reinado de los cuatro primeros califas. Por lo que se refiere a la versión final es sin duda más tardía. En todo caso, algo es cierto: en la época de Mahoma, y durante por lo menos un siglo y medio, el árabe se escribía sin los signos diacríticos, esos puntos y esos guiones que, hoy, permiten distinguir unas letras de otras. La palabra "una torre" (*burg*), sin estos signos, podría también leerse como "éxodo" (*nazaha*). Y aparece otra dificultad: no todas las vocales se escriben en árabe. Dicho de otro modo, fuera o no instituida por Utmán esta Vulgata, su lectura y la elección definitiva de las palabras son mucho más tardías y fueron influidas, sin duda, por la época en la que se estableció.

La ortodoxia musulmana rechaza los resultados de todas estas investigaciones porque afirma que el Corán fue dictado por Dios, que Mahoma lo recitaba a menudo y que sus compañeros no solo transcribieron sus versículos, sino que retuvieron el orden del recitado que él hacía. Como vemos, esta tesis puede descartarse fácilmente, en la medida en que existieron otras versiones antes de que se impusiera la llamada Utmán. Durante los primeros siglos del islam, los fuertes debates entre los defensores de las distintas versiones perduraron, y se oyeron incluso voces musulmanas que ponían en duda la autenticidad de algunos versículos, o se quejaban de que otros versículos, "revelados" también, hubieran sido suprimidos de la Vulgata oficial. Así sucede, por ejemplo, con el versículo de la lapidación de las parejas adúlteras. En prestigiosas universidades islámicas, como al-Azhar de El Cairo, solo se enseña la versión ortodoxa según la cual el Corán que conocemos es la Vulgata reunida por Utmán. Negarlo supone blasfemia. Ahora bien, el versículo de la lapidación no existe en el Corán. Son hadices, palabras de Mahoma, de sus compañeros y sus esposas, transcritas casi 150 años después de su desaparición, los que mencionan la existencia de semejante versículo. Y eso basta para legitimar esa atroz ejecución.

Alá

El o Al es un antiquísimo nombre que las civilizaciones pró-
ximo-orientales, mesopotámicas, sumerias o fenicias daban al
dios superior, el que estaba en la cúspide de la jerarquía de
los dioses. Es lo que produjo el Elohim bíblico. Antes del nacimiento del islam, se designaba, en árabe, con el nombre de
Ilah o Elah, un dios superior también, impersonal; Ilah podía
significar asimismo un dios. ¿Procede Alá de añadir el artículo Al a Ilah, designando Al-Ilah, en ese caso, "el" dios? Es del
todo probable. Como reacción a las violentas querellas trinitarias que agitaban el mundo cristiano de la época, el Dios del
islam quiso ser único e indivisible. Una de las últimas suras
del Corán, una de las más cortas, pues, se titula «El monoteísmo puro». "Resume" a Alá en cuatro versículos: «Di: Él es
Alá, el Único. Alá, solo Él es implorado por lo que deseamos.
Jamás ha engendrado, no ha sido engendrado tampoco. Y nadie
es igual a Él». Se encuentran además, dispersos por el Corán,
varios versículos más que recuerdan lo que el islam denomina
la «unicidad de Dios» y que ha erigido en dogma absoluto. Del
mismo modo, condena explícitamente el hecho de asociar otros
dioses a Dios. El "asociacionismo" es, para el islam, el único
pecado que jamás será perdonado por Dios, aunque puede per-
donar todos los demás pecados.

En cierto sentido puede decirse que Alá está más cerca del
Dios del Antiguo Testamento. Como el Dios bíblico, Alá es
el creador de todas las cosas. Como Él, no puede representar-

se con forma humana: está mucho más allá de la humanidad. Es el Eterno, el Absoluto, omnipotente y omnisciente. Por otra parte, el islam rechazó cualquier representación humana, incluso la del profeta o sus compañeros, un interdicto vinculado al temor de caer en la idolatría de las estatuas. Y eso se dice claramente en el Corán. Pero Alá se considera también, en cierto modo, más perfecto que el Dios de la Biblia. Algunos ejemplos: en el Génesis, Dios creó el universo en seis días y, al séptimo, descansó (Éxodo, 31, 17). ¿Estaba cansado? Alá, en cambio, creó el universo en seis días pero, como precisa el Corán, «sin sentir la menor fatiga» (50, 38). En los Salmos, Dios es también interpelado: «Levántate, Señor, ¿por qué duermes? ¡Despierta!» (44, 24). A lo que el Corán responde: «Ni somnolencia ni sueño hacen presa en Él» (2, 255). Por lo demás, se ve varias veces al Dios de la Biblia apartarse de sus fieles o velar su faz: «¿Por qué ocultas tu faz, olvidas nuestra opresión, nuestra miseria?» (Salmos, 44, 25). «Mi Señor no comete error ni olvido», responde Moisés en el Corán (20, 52). El Dios bíblico que castiga a Israel le envía la peste y, luego, quiere exterminar Jerusalén; pero cuando el ángel exterminador se dispone a ejecutar esa orden, se dice: «Yavé se miró y se arrepintió de este mal» (I Crónicas, 20, 14). Para el islam, es impensable que Dios, el Perfecto, se arrepienta, pues significaría que ha actuado mal. Podría citar así decenas de rasgos humanos del Dios bíblico, rasgos demasiado humanos que son rechazados por el Corán en nombre de la Perfección divina. Tomemos un último ejemplo: en la Biblia, Dios ve cómo Satán se acerca a

Él, y le pregunta: «¿De dónde vienes?» (Job, 2, 2). El islam considera que es impensable imaginar que Dios pueda ignorar nada: «Conoce los secretos, incluso los más ocultos» (20, 7); «Él posee las claves de lo No conocible. Nadie sino Él las conoce. Y conoce lo que está en la tierra y lo que está en el mar. Y ni una hoja cae sin que Él lo sepa» (6, 59). En suma, Alá se considera más infalible, más perfecto que el Dios de la Biblia. Las afirmaciones bíblicas que he citado son consideradas por los musulmanes como otras tantas blasfemias.

¿De qué naturaleza es ese Dios? Esta es una pregunta que los musulmanes no se hacen. Consideran que la esencia de Dios es incomprensible para el hombre. En cambio, los musulmanes reconocen lo que denominan atributos de Dios, recordados en los 99 nombres de Alá que se citan en el Corán. Entre estos nombres –y no voy a citarlos todos–: el Soberano, el Puro, el Apaciguador, el Tranquilizador, el Predominante, el Omnipotente, el Apremiante, citados de un tirón en un solo versículo (59, 23). Estos nombres pueden ser contradictorios: Alá es denominado así El que envilece y El que da poder y consideración. Es el Bueno, el Magnánimo, el Omnipotente, pero también es el Inquebrantable y El que mata. Es El que adelanta y El que retrasa, etcétera. La tradición musulmana afirma que quien repita esos nombres entrará en el paraíso. Castiga, pero el Corán en caso alguno hablará de venganza para calificar estos castigos: prefiere la palabra justicia. Alá es un Dios justo y, más aún, un Dios misericordioso: 113 de las 114 suras del Corán empiezan, además, por esta expresión: «En nombre de

Alá clemente y misericordioso». Todavía hoy puede verse a muchos musulmanes iniciando sus cartas (o sus discursos) con esta frase.

En el meollo de la práctica musulmana: la plegaria

Los musulmanes mantienen con Dios una relación de proximidad, puesto que el islam considera que no puede haber intermediario entre el ser humano y su Dios: no hay clero, no hay intercesores. El musulmán reza directamente a Dios, y en el Corán se repite que Dios oye todas las plegarias. Si los judíos son los más legalistas de los creyentes, creo que los musulmanes, por su parte, son los más rezadores. La palabra "salat" (plegaria), que procede por lo demás del siriaco "slota", aparece 75 veces en el Corán. La plegaria es uno de los cinco pilares que impone a los creyentes orar a Alá cinco veces al día, volviéndose hacia La Meca. A estas plegarias llamadas "canónicas", que están precedidas por abluciones rituales, se añade toda una gama de plegarias individuales: el nombre de Alá es invocado, es un Dios de proximidad al que los creyentes recurren en cualquier circunstancia, para implorar o darle las gracias. Puede decirse que las plegarias distribuidas por los católicos entre Dios, Jesús, María y los santos son todas ellas dirigidas por los musulmanes a Alá, el Dios único y omnipotente. La plegaria básica de todo musulmán, equivalente al *Padre nuestro* de los cristianos, es la primera sura del Corán, la que se denomina la Fatiha, literalmente apertura. Es muy corta, hela aquí: «En nombre de Alá, el Clemente, el Misericordioso. Alabado sea Alá, el Señor del universo, el Clemente, el Misericordioso, Dueño del día de la Retribución. Solo a Ti adoramos, solo a Ti imploramos. Guíanos por el recto camino, el camino que Tú colmaste con Tus beneficios, y no por los que suscitaron Tu cólera, no por el camino de los extraviados».

8. Fe y razón: los filósofos, la ciencia y Dios

Ciertos filósofos se adhirieron a la idea de dioses o de un Dios. ¿Se trata de una creencia religiosa o es el fruto de un razonamiento filosófico? Dicho de otro modo, ¿es posible tener acceso a Dios por la sola vía de la razón? Esta importante cuestión ocupa toda la historia de la filosofía, hasta el siglo XIX al menos.

Los filósofos griegos y Dios

Comencemos por los griegos, que son el origen del pensamiento filosófico occidental. Los pensadores griegos vivían en un mundo muy religioso, impregnado de mitos y creencias politeístas. El esfuerzo filosófico pretende precisamente superar estos mitos y estas creencias para buscar la verdad con ayuda de la razón. Al mismo tiempo, los filósofos de la Antigüedad respetan los dioses de la ciudad y algunos han sido iniciados en los misterios órficos o de Eleusis, como hemos mencionado ya. Pero, como filósofos, ¿qué dicen de Dios? El primer punto, común a todos, es que denuncian el carácter antropomórfico e inmoral de los dioses del Olimpo. Estos se parecen demasiado a los humanos para ser creíbles, sobre todo porque parecen haber heredado todos los vicios de los hombres: desenfreno, orgullo, espíritu de venganza, engaño, inconstancia... Si los dioses existen, son por el contrario perfectos y nada tienen que ver con las volubles costumbres de los humanos. Sin pasión, sin deseo, se convierten, pues, para algunos filósofos como Epicuro, en modelos de sabiduría que debe imitarse. Otros no creen en la existencia de los dioses, por muy perfectos que sean, lo que no les impide creer en una razón universal divina que gobierna el mundo y que está también presente en el hombre. Entre los estoicos –una corriente del pensamiento greco-romano nacida en el siglo IV antes de nuestra era– hay identidad entre el mundo y esa razón divina: es la doctrina panteísta (del griego *pan*, "todo", y *theos*, "dios"). Esta identidad entre lo divino y el universo o la naturaleza estará también en el meollo del pensamiento de algunos pensadores del Renacimiento, como Baruch Spinoza.

Además de los estoicos, los pensadores que más influyeron en la historia de la filosofía por su concepción de lo divino son Platón y Aristóteles. Platón vivió en el lindero de los siglos V y IV antes de nuestra era. Discípulo de Sócrates, funda su propia escuela, la Academia. En su relato del nacimiento del mundo (cosmogonía), el *Timeo*, menciona a un dios bueno que modela el mundo a partir de una materia caótica preexistente.

Es difícil saber si Platón cree en este dios artesano o se trata de una alegoría. Lo que está más claro es la concepción de lo divino que desarrolla especialmente en *La República*: existe un mundo divino de las ideas (o de las formas) al que el hombre tiene acceso por la razón, mientras que la realidad que observamos con nuestros sentidos es engañosa; el trabajo filosófico consiste, pues, en salir de la caverna, donde solo vemos sombras de la realidad, para acceder al verdadero conocimiento de las ideas divinas, inmutables y perfectas, el Bien en sí, lo Bello, lo Verdadero, lo Justo, etcétera. Platón precisa también que la idea de Bien es superior a todas las demás, que es "indefinible" y está "más allá del ser". Los Padres de la Iglesia verán evidentemente en este "Bien supremo" una figura del Dios bíblico. No existe, sin embargo, en Platón idea alguna de revelación de un Dios personal, más bien la de un mundo divino constituido por varias formas (podría decirse hoy "arquetipos") y al que accedemos por la razón. Aristóteles, su más célebre discípulo, permanecerá 20 años en la Academia antes de fundar el Liceo, su propia escuela. Es también el preceptor del famoso Alejandro Magno. Como la mayoría de los pensadores griegos, Aristóteles piensa que los cuerpos celestes (los planetas, las estrellas) son divinos por perfectos y no corruptibles. Pero va más allá, precisando en su *Física* que existe forzosamente un «primer motor inmóvil» que explica el movimiento cósmico. En su *Metafísica* afirma también la bondad de este primer principio al que califica de «acto puro» (siempre en plenitud de todo lo que puede ser) y de «causa final» de todo lo que existe, ejerciendo una atracción sobre todos los seres. Por eso es posible comprender por qué Aristóteles fascinó a tantos teólogos judíos, cristianos o musulmanes. Forjó con su razón la concepción de un ser primero, «soberano Bien», que se parece mucho al Dios trascendente y bueno de la revelación bíblica y coránica. Pero, una vez más, no se trata para Aristóteles de una persona a la que se ora o se rinde culto, sino de un principio que puede contemplarse con el nous, el intelecto divino que está en nosotros. Y en su *Ética a Nicómaco*, el filósofo explica que la contemplación divina es la actividad que más feliz hace al hombre.

Habría que decir también unas palabras sobre los filósofos neoplatónicos, de los que Plotino (que vivió en el siglo III de nuestra era) es el principal representante. Plotino afirma la existencia de tres principios superiores de los que se desprende el mundo sensible: el Uno, la Inteligencia (el nous) y el Alma. El Uno es el principio último. Es trascendente, indeterminable, inmutable, perfectamente bueno y se basta a sí mismo. La Inteligencia emana del Uno como lugar de lo pensable, de lo inteligible, de la verdad. El Alma, por fin, emana de la Inteligencia como principio de unidad y de animación del mundo sensible. Existe un alma del mundo y un alma propia de cada ser vivo. La concepción plotiniana de lo divino (el Uno) se distingue también del monoteísmo clásico porque es concebido como un principio del que emanan necesariamente otros principios (la Inteligencia y el Alma) que rigen el mundo sensible, mientras que el Dios de los monoteísmos es un ser que crea voluntaria y libremente el mundo; el creador y la creación son entonces distintos. No es el caso del principio divino de Plotino que es, a la vez, trascendente y por completo inmanente al mundo: está en todas partes.

No hay, pues, filósofos ateos en la Antigüedad. Hay pensadores espiritualistas, como Platón, o materialistas, como Epicuro, pero ninguno afirma que no hay sin duda Dios o principio divino alguno. Se acusa a Epicuro de ateísmo porque criticaba el culto supersticioso a los dioses de la ciudad, pero para él los dioses existían. Eran sencillamente ajenos a nuestro mundo. Se debía tomar como ejemplo su serenidad y su impasibilidad, pero no rezarles o temerlos. Su discípulo romano Lucrecio escribió, también él, páginas extremadamente críticas con la religión. Sin embargo, no cuestionaba la existencia de dioses lejanos. Incluso Protágoras, al que se considera por lo general ateo, era de hecho un agnóstico, puesto que afirmaba con respecto a los dioses que no era posible «afirmar que existían ni que no existían». Una vez más, es imposible distinguir los dioses, Dios o lo divino de los filósofos de la Antigüedad, del Dios de la Biblia. Si Epicuro, Platón o Aristóteles hubieran conocido al Dios bíblico, es probable que lo hubiesen encontrado demasiado humano para ser verdadero. Su principal preocupación, como he explicado ya, era abandonar la visión antropomórfica de los mitos para descubrir un primer principio que escapa a la contingencia del mundo. Dispuestos a afirmar luego, como hace Aristóteles, que puede existir cierta identidad entre este principio superior, este ser supremo, y «lo que las tradiciones religiosas denominan con el nombre de Dios». Pero la idea de una creación del mundo *ex nihilo* por la mera voluntad libre de un Dios omnipotente, bueno y omnisciente, que se revela a los hombres por medio de los profetas, es del todo ajena al pensamiento griego. Lo que podemos deducir es que, para los filósofos griegos, la existencia de los dioses o de Dios es accesible a la razón humana. Su postura sigue siendo más la de pensadores que la de creyentes. La razón humana puede, a su entender, conducir a postular la existencia de un mundo divino, y ello sencillamente porque existe en el hombre una chispa divina: ya sea el Nous o el Logos. La contemplación –del Alma del mundo para los estoicos, del soberano Bien para Platón y Aristóteles, del Uno para Plotino– se considera entonces como la más noble actividad humana.

Eclipse de la filosofía antigua y florecimiento de la teología cristiana

La teología cristiana trastornará por completo, durante casi 1 000 años, la historia del pensamiento en Occidente. La última gran escuela filosófica de la Antigüedad, la Academia platónica, es obligada por el muy cristiano emperador Justiniano a cerrar sus puertas en Atenas a mediados del siglo VI de nuestra era. Apenas subsistirá un siglo más en Alejandría. Y habrá que esperar al siglo XV y al redescubrimiento de los textos griegos para que un pensamiento filosófico autónomo de la teología cristiana intente emerger de nuevo, tímidamente, en Europa. Entretanto, la filosofía se convierte en "sierva" de la teología. Se utilizan sus conceptos, su lógica, sus categorías para comprender mejor la revelación divina. El evangelista Juan dio muy pronto el ejemplo al retomar el concepto de "logos" para aplicarlo a Cristo en su famoso prólogo: «En el principio era el logos, y el logos estaba junto a Dios y el logos era Dios». Varios Padres de la Iglesia prosiguen por este camino, pero es sobre todo en el siglo XIII, con el redescubrimiento de Platón y de Aristóteles, principalmente a través de los pensadores arabo-musulmanes (Avicena, Averroes), cuando los teólogos cristianos ven cómo se desarrolla su ciencia inspirándose en las categorías filosóficas de estos dos grandes genios de la Antigüedad. Santo Tomás de Aquino, cuya *Suma teológica* es una catedral del pensamiento, cita sin duda, por lo menos, tanto a Aristóteles como a san Agustín, que sin embargo es la mayor autoridad teológica para los pensadores de la Edad Media. No obstante, lo hace con una perspectiva de creyente: la filosofía ha perdido su autonomía, no busca ya la verdad, sino que se pone al servicio de la Verdad revelada. Al mismo tiempo, eso manifiesta la importancia que el pensamiento cristiano concede a la razón humana. Aunque admite que Dios (es decir, el Dios revelado en la Biblia) solo puede alcanzarse plenamente por la fe, la teología considera que la razón es un don precioso de Dios que puede permitirle descubrir su existencia y que debe ayudar al creyente a ser más inteligente en su fe y a comprender el mundo. Pero afirma también que la razón no puede y no debe en absoluto contradecir u oponerse a la fe, que le es superior al ser un don de Dios para la salvación de los hombres. De hecho, el conflicto entre fe y razón emergerá en el Renacimiento, cuando los primeros científicos se liberen de la autoridad de la Biblia para intentar aprehender el mundo solo con los recursos de la razón.

Fe y razón entre los pensadores judíos y musulmanes

El pensamiento judío antiguo tiene un eminente representante en la persona de Filón de Alejandría, que estableció numerosos puentes entre la fe judía y la filosofía griega. El mayor pensador judío de la Edad Media, Maimónides, afirma en el siglo xii que el conocimiento de Dios por la razón es imposible. Solo la fe permite seguir las "huellas" de Dios. Pero afirma también, como los teólogos cristianos, que la razón permite percibir a Dios por sus obras y que es bueno estudiar la metafísica, la astronomía, la medicina, la física, etcétera, como otros tantos saberes que nos informan sobre las leyes del mundo creado por Dios. Encontramos de nuevo, también, esta incitación al uso de la razón en los grandes pensadores musulmanes medievales, muy influidos por la filosofía de Platón y, sobre todo, de Aristóteles, antes de transmitir sus virtudes a los teólogos cristianos. Utilizan las categorías conceptuales forjadas por los filósofos griegos no solo para hablar del mundo creado, sino también de los atributos divinos. Uno de los más famosos de todos ellos, el filósofo andaluz Averroes, contemporáneo de Maimónides, dice que: «lo verdadero no puede contradecir a lo verdadero», para justificar su doble estudio de la revelación coránica y de la filosofía de Aristóteles, aceptándolas ambas como dos expresiones distintas de la verdad.

Descartes, Leibniz y las "pruebas" de la existencia de Dios

Los filósofos del Renacimiento se apasionan por la filosofía griega, sobre todo la neoplatónica, pero permanecen todavía muy vinculados al pensamiento cristiano predominante. Con Descartes, filósofo profundamente creyente, sin embargo, la filosofía comenzará a emanciparse de la teología y partirá sobre nuevas bases. Descartes pretende hacer tabla rasa con el pasado. Abandonar el pensamiento escolástico medieval, mala mezcla de filosofía y teología, para basar de nuevo el conocimiento sobre el fundamento de la experiencia. Fundará, pues, un nuevo método que permite buscar lo verdadero sin ningún apriorismo. Su deseo es que la razón sea lo más eficaz posible en la búsqueda de la verdad y, para ello, comienza por liberarla de la tutela de la fe. Su andadura, que hoy puede parecernos natural, fue en el siglo XVII revolucionaria y no solo favoreció el desarrollo de la filosofía moderna, sino también el de la ciencia. Sin embargo, y esta es la paradoja de Descartes, está aún tan impregnado de la metafísica cristiana que no puede impedirse intentar probar de modo racional la existencia de Dios, lo que se denomina la "prueba ontológica". Dios es pensado como el ser más perfecto que existe; ahora bien, como es más perfecto existir que no existir, de ello se desprende necesariamente que Dios existe. Por tanto, el mero pensamiento de Dios como ser implica su existencia. El argumento no me ha convencido nunca y no estoy seguro de que haya convencido a mucha gente, pero Descartes le concedía un valor tan grande, por lo menos, como a una demostración matemática. Siguiéndole, muchos otros filósofos intentarán aportar pruebas de la existencia de Dios. El más celebre de ellos es Leibniz, que intenta proporcionar una prueba más elaborada, llamada la "prueba cosmológica". Teniendo en cuenta el principio de "razón suficiente" según el cual nada existe sin causa, explica que el mundo es contingente, no necesario, lo que postula la existencia de una causa exterior a sí mismo; se acaba, pues, planteando como causa del mundo la existencia de un ser acausal, que no necesita ya otra razón, y es ese ser absolutamente necesario el que se denomina "Dios". Este argumento tiene cierta fuerza. Pero ¿por qué va a ser necesario que exista una razón suficiente, una causa para todo? Podemos decir, en efecto, que la debilidad de este argumento es su propio postulado. Es posible imaginar una sucesión de causas y efectos que se remonten hasta el infinito sin que jamás, necesariamente, haya un ser en el origen de todo. Eso piensan por ejemplo los budistas: la ley de la causalidad (el *karman*) actúa en todas partes y siempre, pero no tiene comienzo.

Habría que decir algunas palabras, también, sobre la tercera gran prueba de la existencia de Dios formulada por los metafísicos: la "prueba fisicoteológica". Parte de la observación
del orden y de la complejidad del mundo y concluye en la necesidad de una inteligencia creadora y ordenadora. Es sin duda
alguna el argumento más pertinente y, al mismo tiempo, el más
simple; pues todos podemos advertir la belleza del mundo, su
armonía, su complejidad. Algunos llegarán a la conclusión de
que todo ello no puede ser fruto del azar, de que forzosamente hay una inteligencia superior en el origen del universo. Este
argumento de gran fuerza, empleado ya por Platón o los estoicos, es retomado por numerosos pensadores deístas de los
siglos XVII y XVIII, empezando por Voltaire: «El universo me
turba y no puedo pensar que este reloj existe y que no tenga
relojero». Resurge en nuestros días adoptando nuevos colores,
con el descubrimiento del Big Bang y los progresos de la astrofísica, en forma de "diseño inteligente": el extraordinario
ordenamiento de las leyes físicas que ha permitido el desarrollo de la vida en la Tierra y la aparición del cerebro humano
da testimonio de un designio, de un plan preestablecido y, por
tanto, de una inteligencia creadora.

La cuestión del mal

Volveré más adelante a los debates que suscita esta tesis cuando aborde la cuestión de la ciencia ante Dios, pero pondré de

relieve ahora ya un límite de la prueba fisicoteológica: en el mundo no hay solo belleza, orden y armonía, también hay desorden, contingencia, azar, mal, horror. ¿Por qué un ser absolutamente bueno y perfecto habría creado un mundo tan imperfecto, por muy hermoso que sea desde muchos puntos de vista? La mera existencia del mal, de las catástrofes naturales, de los genocidios o, incluso, el mero sufrimiento de un niño inocente, como decía Camus, parece hacer indefendible este argumento. ¿Qué responden los metafísicos y los teólogos a la cuestión del mal? Leibniz no esquivó la objeción. En sus *Ensayos de teodicea* (1710) aborda directamente la cuestión: ¿cómo comprender, si Dios existe y es bueno, que haya tanto mal, tanta maldad, horror, miseria en la Tierra? Puesto que el mundo no es Dios, no puede ser perfecto. Puesto que el hombre es libre, siempre podrá elegir hacer el mal. Y Leibniz, que es también matemático, intenta mostrar que Dios eligió entre los innumerables mundos posibles, con todas sus combinaciones de bienes y de males, de sombra y de luz, el más perfecto de los mundos posibles. Voltaire se burlará de él en su *Cándido* (1759) a través de la figura del profesor Pangloss que no deja de repetir, cuando todo va mal: «¡Todo va del mejor modo posible en el mejor mundo posible!». Pero el argumento de Leibniz está muy lejos de ser tan irénico como parece. Podemos, en efecto, imaginar que Dios haya elegido lo que de mejor había en el interior de lo que era posible, teniendo en cuenta las constricciones de la creación: las leyes del universo físico, la alianza del espíritu y la materia, las contingencias del tiempo y el espacio, el libre albedrío del hombre, etcétera. Esta idea es expresada de distinto modo por numerosos pensadores judíos o cristianos. La Cábala judía, con su teoría del *tsim-tsum*, explica así que, por su acto creador, Dios se vació de su divinidad, que se retiró del mundo para que pudiera existir otra cosa que no fuera él. Al crear, Dios acepta no ser todo, se disminuye para permitir al mundo y a otros seres existir. El mal existe, pues, forzosamente por ese estado necesario de imperfección que es el mundo. Pues si es perfecto, el mundo sería Dios y nada podría existir al margen de él. La filósofa Simone Weil retomará este argumento desarrollando el tema ya evocado por san Pablo en su Epístola a los Filipenses (2, 7): el de la aniquilación de Dios (*kenosis*, en griego) a través del misterio de Cristo que, «de condición divina», «se aniquila» hasta convertirse en hombre y morir en la cruz. Este descenso de Dios muestra que renuncia a sus atributos de omnipotencia para tomar sobre sus hombros el mal, a través de la pasión de Cristo.

No deja de ser cierto que, cuando te ves enfrentado al sufrimiento en toda su violencia, estos argumentos teológicos pueden parecer vanos. El argumento del libre albedrío no convence, pues muchos males no proceden de los hombres, sino de la naturaleza: enfermedades, terremotos, etcétera. Naturalmente, podría contemplarse, como algunos pensadores griegos, la existencia de un mundo divino impersonal e indiferente a los hombres. Pero ¿cómo conciliar la idea bíblica de un Dios omnipotente y completamente bueno, que se ocupa de los hombres, cuando se ve morir a un niño entre horrendos sufrimientos o a centenares de miles de personas, de tan distintas existencias, pereciendo al mismo tiempo en un cataclismo? ¿Dónde están entonces la belleza y la justicia, atributos fundamentales del Dios revelado? Epicuro planteó bien el problema: o Dios quiere eliminar el mal y no puede hacerlo, entonces es impotente; o puede hacerlo, pero no quiere, y entonces es malvado, o no puede y no quiere, y es impotente y malvado. Y concluye: «Si puede y quiere, que es lo único que conviene a Dios, ¿de dónde procede pues el mal, o por qué Dios no lo suprime?» (*Ensayos de teodicea*).

Frente a estas objeciones, la gran respuesta de las religiones es el más allá. A fin de cuentas, no tienen otra salida que postular la existencia de otra vida, en un más allá de este mundo, donde la bondad y la justicia de Dios se expresarán plenamente y repararán lo que hayan quebrado los errores de la naturaleza o de la voluntad humana. Dicho de otro modo, solo puede comprenderse esta vida de aquí abajo si nos remitimos a una existencia superior que nos aguarda a todos después de la muerte. Esta creencia no es propia de los monoteísmos. Como otros pensadores griegos, Sócrates creía en la inmortalidad del alma y en una vida bienaventurada después de la muerte. Como ya he dicho, afirmó incluso a sus discípulos que soportaba la injusticia de su condena a muerte y mantenía su alma firme y serena porque esperaba encontrar después de su muerte la compañía de los dioses y de las almas virtuosas. Platón, en su famoso mito de Er (*República*, X), expone la hipótesis de la reencarnación. Esta creencia en una sucesión de vidas no solo es compartida por los budistas y los hindúes, sino también por numerosos pueblos con una religión de tipo chamánico. La creencia en la transmigración de las almas tiene la ventaja de explicar por qué cierta persona tiene suerte y por qué otra se ve abrumada por la desgracia: ambas obtienen los frutos positivos o negativos de los actos cometidos en vidas anteriores. Y la brutal interrupción de una vida (en especial la muerte de un niño de corta edad) no plantea ya problema alguno, puesto que se le ofrecerá una nueva oportunidad en una existencia ulterior. Mientras que los monoteísmos, que afirman que cada ser humano solo vive una vez antes de resucitar en el más allá, no tienen respuesta satisfactoria para estas preguntas: ¿qué sentido puede tener la vida de un niño muerto en edad temprana, antes incluso de que haya podido expresar su personalidad y ejercer su libre albedrío? ¿Por qué algunos hombres se ven abrumados por la desgracia y otros colmados por la vida?

La apuesta de Pascal

¿Es la famosa apuesta de Pascal una prueba de la existencia de Dios? Eso se cree a menudo, pero de hecho no es así. En el siglo XVII, Pascal está convencido, por el contrario, de que la razón no puede alcanzar a Dios. Reacciona contra Descartes y los metafísicos recordando que Dios solo puede ser objeto de fe. El Dios de los filósofos le hace sonreír. Cree en el «Dios de Abraham, de Isaac y de Jacob», en el Dios que se revela en la Biblia y al que se acoge en el corazón y no por la razón. Pascal, al igual que un espíritu científico y un filósofo griego, es ante todo un ferviente cristiano que ha sido conmovido por Jesús. Ha pasado buena parte de su corta existencia con los jansenistas del convento de Port-Royal. Desde entonces insiste en la dimensión afectiva de la fe. Dios habla, primero, al corazón y la única "prueba" que en último término podría aportarse a su existencia no es un argumento racional: es la absoluta santidad de Cristo y la grandeza de los santos. La fe está basada en un testimonio que llega al corazón y no en una explicación lógica. Su apuesta en nada es, por tanto, una prueba lógica de la existencia de Dios. Pascal se dirige a los libertinos, a quienes afirman que una vida consagrada a los placeres vale más que una vida conforme a la moral cristiana. Quiere mostrarles, a partir de un argumento racional, que por el contrario les interesaría vivir de acuerdo con los preceptos de la religión. Para ello, les propone una apuesta, aunque una apuesta perfectamente sensata puesto que se apoya en el cálculo de probabilidades, una nueva rama de las matemáticas que acaba de inventar. Una apuesta es ventajosa si la ganancia razonablemente posible es más importante que el envite inicial, por ejemplo si apuesto 10 euros con una posibilidad sobre dos de ganar 100 euros. Pascal aplica este razonamiento a la vida humana, considerando la existencia terrenal como lo apostado y la vida eterna y bienaventurada como el envite de la apuesta. Partiendo del principio de que no puede probarse que Dios existe, pero que hay una posibilidad sobre dos de que exista, afirma que es infinitamente más razonable y ventajoso apostar por la existencia de Dios y vivir como cristiano para ganar la vida eterna que apostar por la no existencia de Dios y vivir como libertino, a riesgo de perder la vida eterna. Dicho de otro modo, con una apuesta finita existe una posibilidad sobre dos de ganar lo infinito y, por tanto, hay mucho más por ganar que por perder. Es evidente que Pascal nunca basó su vida en semejante apuesta, porque estaba convencido de que la fe era un don de Dios y que la salvación se obtenía por la gracia divina. Pero con este argumento pretendía desestabilizar el discurso de los libertinos cuando afirmaba que todo podía ganarse y nada perderse al buscar solo los goces de esta vida.

El deísmo de la Ilustración

Por lo que se refiere a los filósofos de la Ilustración, que critican la religión pero de los que muy pocos son ateos, ¿qué concepción tienen de Dios? La mayoría son deístas, un poco al modo de los filósofos de la Antigüedad. Es decir, que creen en la existencia de un principio creador que ordena el universo, pero no en un Dios personal que se revela a los hombres por medio de los profetas y los textos sagrados (el teísmo). La mayoría critica con violencia el teísmo como una superstición inventada por los sacerdotes para asentar su poder. Los filósofos de la Ilustración son, pues, ante todo, anticlericales y rechazan la idea de una revelación, de una moral llegada del cielo, de un pueblo elegido por Dios (lo que a veces les hace decir palabras violentamente antisemitas). Aunque admiran a Jesús y su mensaje, lo consideran más como un sabio o un moralista excepcional que como el hijo de Dios. Hay que decir que los pensadores de la Ilustración llegan en el siglo xviii, en una Europa magullada por casi dos siglos de sangrientas guerras entre católicos y protestantes. Su principal objetivo es sacar al mundo de las guerras de religión. El enemigo que hay que derribar es la intolerancia, es el fanatismo que hace que los hombres se maten mutuamente en nombre de sus creencias religiosas. El ateísmo militante que comienza a nacer es, por lo demás, bastante mal visto, pues se percibe como en exceso intolerante. Locke considera así que los ateos son tan peligrosos para la ciudad como los católicos romanos, pues son igualmente dogmáticos. Sean cristianos, deístas, francmasones (que por aquel entonces se dividen entre cristianos teístas y deístas), mucho más raramente judíos (Mendelssohn) o ateos (Diderot), los filósofos de la Ilustración creen en la universalidad de la razón y en el progreso. Militan para que el hombre se emancipe de la ignorancia y el fanatismo con el uso de su razón y el emplazamiento de instituciones estatales y jurídicas que preserven la libertad de conciencia y de expresión de los individuos. Son los intelectuales militantes de la democracia moderna y de los derechos del hombre. De ahí su implacable lucha contra la religión y, sobre todo, la religión católica que era mucho más refractaria a estas ideas que el protestantismo, por naturaleza más democrático y secular.

No se ponen de acuerdo entre sí sobre la cuestión de la relación entre fe y razón. Hemos visto ya que algunos, como Voltaire, piensan que la razón conduce a plantear la existencia de un «relojero», es decir, de un «gran arquitecto del universo». La expresión tiene, además, un gran éxito en la francmasonería, esta sociedad secreta nacida a comienzos del Siglo de las Luces y que expresa sus principales ideales: deísmo liberado de la superstición religiosa, moral racional, espíritu de fraternidad, fe en el progreso de la humanidad, pero también iniciación espiritual a través de un abundante universo simbólico. No todos los pensadores de la Ilustración, sin embargo, están convencidos de que la razón pueda alcanzar la existencia de Dios. El más ilustre de ellos, Emmanuel Kant, propina incluso un golpe decisivo a la metafísica al publicar su obra magistral: *Crítica de la razón pura* (1781). El libro pretende responder a la pregunta: «¿Qué puedo saber?», y Kant muestra que la razón no puede probar que Dios existe ni probar que no existe. En este punto, hay un antes y un después de Kant en la historia de la filosofía. El marco metodológico que aportó a esta cuestión es tan riguroso, y tan convincentes sus conclusiones, que cualquier pensador ulterior que afirme poseer una prueba de la existencia o la no existencia de Dios parece sospechoso. No es que no se pueda estar convencido de uno u otro aserto, pero Kant distingue perfectamente los distintos registros que son la opinión, la fe (o la convicción) y la prueba. Ahora bien, la cuestión de Dios depende siempre de la opinión (si es débilmente defendida) o de la fe/convicción (si se defiende con fuerza). La religión, como el ateísmo, dependen pues de la opinión, de la fe o de la íntima convicción, es decir, de la *creencia*, pero nunca del *saber*, que solo puede ofrecer proposiciones universalmente verdaderas y demostrables a todos.

Dios y la ciencia

Lo que me lleva naturalmente a plantear la misma cuestión con respecto a la ciencia: ¿puede probar la existencia o la no existencia de Dios? Si Kant aportó una luminosa y precisa redefinición del conocimiento, varios pensadores habían distinguido ya claramente la creencia del saber, el orden de la religión y el de la ciencia. Lo hemos evocado con Pascal, que era a la vez un gran creyente y un gran sabio. Pero eso sucedía también con Galileo que afirmaba que la ciencia y la religión responden a dos preguntas de orden distinto y que no podrían entrar en conflicto: la religión nos dice «cómo debemos ir al cielo» mientras que la ciencia nos dice «cómo va el cielo». Y a fin de cuentas fue condenado por la Iglesia precisamente porque la Iglesia mantenía todavía, en su época, la confusión entre ciencia y religión y pensaba que la Biblia decía la verdad sobre todo, incluso sobre las leyes de la naturaleza. El caso Galileo tendrá como consecuencia poner las cosas en su lugar sobre esta cuestión, puesto que la Iglesia católica admite perfectamente, hoy, que su campo de competencias se limita a la cuestión de la salvación y que la Biblia, que afirma por ejemplo que Dios creó el mundo en siete días, no es una obra con pretensiones naturalistas o científicas. Existe, sin embargo, en los Estados Unidos, en el movimiento evangélico, aunque también en el mundo judío y musulmán, toda una corriente fundamentalista que, en nombre de una lectura literal de la Biblia o el Corán, rechaza ciertas teorías científicas admitidas por todos. La teoría darwinista es un buen ejemplo de ello. Y no se enseña en numerosas escuelas religiosas de los Estados Unidos, especialmente porque pone en un brete las Sagradas Escrituras al afirmar que existe una continuidad entre el mundo humano y el mundo animal. Para los creacionistas, si el hombre desciende del mono no fue, pues, directamente creado por Dios como afirman la Biblia y el Corán.

El diseño inteligente

¿Qué pensar de la teoría del "diseño inteligente" que algunos consideran una prueba científica de la existencia de Dios? Existen dos versiones del *intelligent design*, y la confusión entre ambas contamina considerablemente el debate. La versión *hard* está muy cerca de las tesis creacionistas que acabamos de evocar: afirma que Dios creó al hombre por una intervención directa pero, contrariamente al creacionismo, no niega lo esencial de la teoría darwinista de la larga evolución de las especies. Afirma simplemente que las leyes de la naturaleza no bastan para explicar las mutaciones fundamentales que son la aparición de la vida y la del hombre. Dicho de otro modo, una inteligencia creadora echó una manita a la naturaleza en los momentos cruciales de la evolución. El hombre desciende en efecto de otros animales, pero sin la intervención divina su cerebro, de extrema complejidad, no habría podido desarrollarse. Estas tesis neocreacionistas se desarrollaron a comienzos de los años 1990 alrededor del Discovery Institute, en Seattle. Existe otra versión del diseño inteligente, mucho más *soft*, que no recurre a una intervención divina específica durante la evolución: la del "principio antrópico". Esta tesis nació a comienzos de los años 1980, cuando se empezó a disponer de potentes ordenadores que permiten simular la evolución del universo. Se advirtió entonces que si se modificaba una cualquiera de sus constantes fundamentales, el universo se derrumbaría y nunca habría podido permitir el desarrollo de la vida humana. Algunos investigadores dedujeron de ello el principio antrópico (del griego *anthropos*, "hombre") según el cual el universo está concebido desde el comienzo para favorecer el desarrollo de la vida y del cerebro humano, tras un largo proceso de crecimiento de la complejidad. Partiendo así de la constatación de que el cosmos tiende hacia la aparición del hombre, esa tesis pretende reintroducir en el meollo de la ciencia la cuestión (pero no la respuesta) de un principio creador. En nuestros días es defendida por algunos científicos, como el astrofísico Trinh Chuan Thuan. Este afirma así que: «si aceptamos la hipótesis de un solo universo, el nuestro, debemos postular la existencia de una causa primera que reguló de entrada las leyes físicas y las condiciones iniciales para que el universo tomara conciencia de sí mismo. La ciencia jamás podrá distinguir entre estas dos posibilidades: el universo único con un creador o un sinfín de universos sin creador». Los científicos admiten el hecho, pero en su gran mayoría adoptan la segunda hipótesis evocada por Trinh Chuan Thuan: la existencia de un sinfín de universos que tienen todos ellos características distintas. Y nos hallaríamos por casualidad en el único, o uno de los únicos, que tiene las características necesarias para que la complejidad haya podido desarrollarse. Esto es, por ejemplo, lo que afirma Stephen Hawking en *¿Existe un gran arquitecto del universo?* (2010). Pero no aporta, como Trinh Chuan Thuan, la prueba de que su hipótesis sea la buena. ¿Un único universo orientado por un principio inteligente? ¿Un sinfín de universos sin intención y entregados al mero azar? Nada sabemos de ello, a pesar de los prodigiosos progresos del conocimiento científico. Como pensaba Kant, la cuestión de la existencia de Dios o de un principio creador sigue siendo, en efecto, cuestión de creencia y no de saber.

9. El ateísmo

Antes de abordar la cuestión del desarrollo del ateísmo, en el Occidente moderno me parecen necesarias tres precisiones. De entrada, jamás sabremos lo que pensaba la gente en el fondo de sí misma durante los milenios ya transcurridos. En las sociedades basadas sobre creencias colectivas, tanto en la Antigüedad politeísta como en la Edad Media cristiana, el individuo que rechazaba la fe común se ponía en peligro. Sócrates fue acusado de impiedad, y Jesús murió por haber denunciado los extravíos de la religión de su tiempo. ¡Pero eran profundamente religiosos! Si tan arriesgado era criticar la religión, resultaba imposible llamarse ateo, rechazar el culto a Dios o a los dioses sin ponerse en peligro de muerte o de exilio. Eso perduró en Europa hasta el siglo XVIII, y en España hasta el siglo XIX –la última víctima de la Inquisición española fue un maestro deísta ahorcado en Valencia el 26 de julio de 1826–. Si la libertad de conciencia y expresión hubiera existido, sin duda habría habido numerosos testimonios de ateístas. Segunda precisión que debe hacerse: es difícil saber si se puede clasificar a los pensadores panteístas en la categoría del ateísmo. ¿Pueden los estoicos ser considerados como ateos? Tal vez en la medida en que no se adhieren a la idea de un Dios creador exterior al mundo. Sin embargo, creen en un Logos, una razón universal que gobierna un mundo que es bueno y está perfectamente ordenado, lo que no se aleja mucho de la concepción monoteísta de la providencia divina. ¿Es ateo Spinoza? Sin duda rechaza el origen divino de la Biblia y los dogmas religiosos. Identifica explícitamente a Dios con la naturaleza (*Deus sive Natura*) y rechaza la idea de un Dios personal en el sentido bíblico, pero su filosofía se apoya en la idea de una inmanencia divina que está en las antípodas de un puro materialismo. Más que reducir a Dios a la materia, Spinoza opera más bien una transmutación de la realidad física en substancia divina.

Tercera precisión importante: hablamos de Occidente. Ahora bien, como hemos visto antes, existen civilizaciones enteras, especialmente en Asia, donde la idea de Dios como persona que se revela o como principio creador está ausente. Existe, pues, en estas culturas, un "ateísmo de hecho", que no es una negación razonada o virulenta de Dios, como sucede en Europa al amanecer de la Ilustración, sino sencillamente una religiosidad que se manifiesta de un modo distinto que a través de la creencia en Dios. Ni siquiera el budismo, que en nuestros días se presenta de buena gana, en Occidente, como una filosofía atea, se preocupa de Dios. El Buda no niega la existencia de un ser creador, dice simplemente que la existencia de semejante ser es inaccesible para la razón y la experiencia, y que mejor será preocuparse de curar el sufrimiento existencial que especular sobre cuestiones metafísicas. Cierto día, el monje Culamalukyaputta pregunta al Buda sobre Dios, el universo, el origen del mundo, y le amenaza con abandonar la comunidad si no tiene respuestas a sus preguntas. El Buda le responde contándole esta parábola: un hombre es herido por una flecha envenenada y exige, antes de que lo curen, conocer el nombre y la casta del arquero, la distancia a la que se encontraba y también la madera de la que está hecha la flecha; el hombre muere antes de haber obtenido respuesta a sus preguntas. Más que especular en vano, dice el Buda, quitemos la flecha, encontremos la naturaleza del veneno y su antídoto, luego cerremos la herida. Perder el tiempo especulando sobre la naturaleza de lo Absoluto no es de utilidad alguna para quien quiere salvarse. La asimilación entre budismo y ateísmo se llevó a cabo a mediados del siglo XIX, cuando los primeros textos fundamentales de esta tradición fueron traducidos por fin a partir del pali y el sánscrito. Como muy bien mostró Roger-Pol Droit en *Le Culte du néant* (1997), los intelectuales occidentales se aficionaron entonces al budismo para alabarlo o criticarlo, según fueran ateos o cristianos, proyectando sobre él el ateísmo que por aquel entonces emergía en Europa.

Los primeros pensadores ateos del siglo XVIII

El primer ateo europeo es perfectamente identificable y se trata de un sacerdote. El abate Jean Meslier, párroco de Étrépigny, un pueblo de las Ardenas. El año de su muerte, en 1729, Voltai-

re publica su "testamento", un texto ferozmente antirreligioso.
Pero más tarde se descubrirá la totalidad del texto que Voltaire
censuró. Se titula *Memoria de los pensamientos y sentimientos
de Jean Meslier*, que es mucho más que un panfleto contra la
religión: un verdadero tratado argumentado que niega la posibilidad de cualquier divinidad y afirma la única realidad de la
materia. Meslier era un ateo y también un materialista, y eso era
demasiado, incluso para Voltaire. Habrá que esperar hasta 1768
y la publicación de *El contagio sagrado*, del barón De Holbach,
para ver otra profesión de ateísmo. Filósofo de la Ilustración y
científico, De Holbach va mucho más lejos que sus pares y rechaza tanto el teísmo como el deísmo, afirmando serenamente
que el ateo es «un pensador que destruye las quimeras perju-
diciales para el género humano devolviendo los hombres a la
naturaleza, a la experiencia, a la razón». Habría que mencionar
también a Diderot, pensador y escritor de talento, resueltamen-
te materialista y ateo. Tras haber sido encerrado en la Bastilla
a la edad de 36 años, evitó cuidadosamente a continuación publicar sus obras más críticas contra la religión. La mayoría de
sus obras fueron editadas mucho después de su muerte en 1784.
Estos pioneros permanecen, pues, muy aislados.

La muerte de Dios

Es a finales del siglo XIX, en un contexto de florecimiento del
saber y de emancipación de la sociedad con respecto a la reli-

gión, cuando el ateísmo se extiende y se desarrolla un pensamiento que niega explícitamente la existencia de Dios. ¿Quiénes son, pues, los "asesinos" de Dios? Nietzsche aborda explícitamente esta cuestión cuando habla de la «muerte de Dios». ¿Fueron los hombres sin religión o procedentes de religiones distintas al cristianismo los que mataron a Dios? No, responde, fueron los cristianos, los "herederos". Tras haber matado a los antiguos dioses en beneficio de un solo Dios, el judeo-cristianismo se convierte en el sepulturero de su Dios. ¿Cómo? Desenmascarándole gracias «a la profundidad de la conciencia cristiana aguzada por el confesionario, traducida y sublimada en conciencia científica, hasta la claridad intelectual a toda costa» (*El gai saber*, 1882).

A fuerza de introspección, a fuerza del ejercicio del espíritu crítico hacia sí mismo, la razón se afila y acaba por descubrir, tras un proceso secular, que Dios no existe... porque no es creíble.

Nietzsche pidió prestada esta expresión impactante de la «muerte de Dios» al poeta alemán Johann Paul Friedrich Richter, que escribía bajo el seudónimo de Jean Paul. Va a darle un sentido muy fuerte mostrando la amplitud de la «catástrofe» que significa el fin de todo un sistema de valores heredado de la fe cristiana, y más lejos todavía del judaísmo y el platonismo. El ateísmo es, pues, para Nietzsche el último resultado del cristianismo. «La catástrofe, exigiendo el respeto de una disciplina dos veces milenaria con vistas a la verdad, que finalmente se prohíbe la mentira de la fe en Dios» (*Le Gai Savoir*).

Eso coincide con la célebre fórmula de Marcel Gauchet: «El cristianismo es la religión del abandono de la religión». Y el análisis de Marcel Gauchet desarrolla, con otros argumentos, la intuición nietzscheana. El título del libro de Gauchet, *El desencantamiento del mundo* (1985), de donde se ha extraído la fórmula, está tomado de una expresión del sociólogo Max Weber que significa de modo literal la "desmagificación del mundo" (*Entzauberung der Welt*). Weber mostraba cómo el judaísmo y, luego, el cristianismo habían acelerado un proceso de "racionalización" que hizo perder al mundo su aura mágica: el mundo no era ya un jardín hechizado atravesado por fluidos y habitado por espíritus, sino la creación ordenada de un Dios único que enseñaba un modo racional de vivir por medio de la ética. Si Weber insiste en la desmagificación del mundo, Nietzsche, partiendo de la misma idea, la hace desembocar en la desmixtificación de Dios. Estos dos fenómenos fueron producidos por un proceso interno del judeo-cristianismo que se volvió contra sí mismo. Por ello podemos decir, en efecto, que el cristianismo ha sido la «religión del abandono de la religión». Puede parecer bastante pasmoso que una religión lleve en sí misma los gérmenes de su autodestrucción. Si se contempla la religión solo desde el punto de vista institucional y cultual, claro. Pero como observan Nietzsche y Weber, el judaísmo y el cristianismo favorecieron también el desarrollo de la razón y la introspección crítica. Lo que primero servía a la fe, cierto día se emancipó de ella. Y he intentado mostrar en mi libro *Le Christ philosophe* que no por azar la modernidad y sus valores principales de razón crítica y de autonomía del sujeto nacieron en Occidente y no en China o en el Imperio otomano. Fue porque Occidente era cristiano y el cristianismo, a pesar del poder de la Iglesia sobre la sociedad, desarrolló hasta el más alto grado la racionalidad, pero también nociones de igualdad, de fraternidad o de respeto por la dignidad humana, sobre los que se basaron los derechos del hombre... vaciando la fuente religiosa de estas nociones evangélicas y emancipándose de la tutela de las instituciones religiosas que, en gran parte, renegaron de ellos en el curso de la historia. Por muy paradójico que pueda parecer a primera vista, tanto la religión cristiana como la modernidad se han opuesto en nuestros espíritus europeos (aunque mucho menos en los americanos): la modernidad occidental nació de la matriz cristiana (influida a su vez por el judaísmo y el platonismo) de la que se emancipó antes de volverse contra ella. ¡Una verdadera novela negra!

Nietzsche contra Kant

Volviendo a Nietzsche, el filósofo no se limita a anunciar la muerte de Dios, a denunciar la impostura de un Dios «increíble por demasiado humano». Intenta mostrar las últimas consecuencias de ello, lo que denomina la "catástrofe". Pues si Dios no existe, si todo el sistema de "tras-mundo" en el que se pretendía basar la verdad desde Platón, es un engaño, si solo existe este mundo, solo el cuerpo y no el alma, solo lo visible y no lo invisible... entonces, también, toda la moral judeo-cristiana se derrumba y necesitaremos varios siglos para tomar conciencia de ello, tan inimaginables son las consecuencias: «La moral se derrumba. Ése es el gran espectáculo en cien actos, reservado a los dos próximos siglos en Europa, el más temible, el más problemático y, tal vez también, el más rico en esperanza de todos los espectáculos» (*La genealogía de la moral*, 1887). Nietzsche afirma también que la moral humanista heredada de la Ilustración es solo una impostura destinada a retrasar la catástrofe. Pues se apoya en los mismos principios que la moral bíblica y no ha hecho más que "laicizarlos" sustituyendo su fuente de obligación, Dios, por la razón. Nietzsche denuncia por ejemplo, con fuerza, la teoría kantiana. Pues si Nietzsche aplaude la ejecución de la metafísica llevada a cabo por Kant en su *Crítica de la razón pura*, condena su salvamento de la moral llevado a cabo en los *Fundamentos de la metafísica de las costumbres* (1785) y en la *Crítica de la razón práctica* (1788). La *Crítica de la razón pura* pretendía responder a la pregunta: «¿Qué puedo saber?». Y hemos visto, en efecto, que Kant circunscribe perfectamente el campo del saber y excluye de él la cuestión de la existencia de Dios. Pero en *Fundamentos de la metafísica de las costumbres*, aparecido cuatro años después de la *Crítica de la razón pura*, Kant pretende responder a la pregunta: «¿Qué debo hacer?». Intenta poner de relieve el fundamento de una moral que no dependa de la experiencia, de la tradición o de la educación, cosas todas ellas forzosamente relativas y contingentes. Una ética pura, universal, que determine la necesidad de nuestro deber. Ahora bien, para Kant existe una ley moral simple que se impone a todos de modo inmediato: «Actúa solo según la máxima gracias a la cual puedes desear al mismo tiempo que se convierta en ley universal». Dicho de otro modo, para que mi acción sea moral debo poder transformar la regla que me hace actuar en una ley válida para todo el mundo. Por ejemplo, si dudo en pronunciar un falso testimonio, sé que mi acto no será moral pues no puedo hacer universal la regla según la cual se debe mentir, de lo contrario ya ningún testimonio tiene sentido y la vida en sociedad se hace imposible. Puedo, pues, pronunciar un falso testimonio por interés personal o para proteger a un amigo, pero en ningún caso mi acto será moralmente lícito. A esta ley moral universal que se considera que debe imponérsenos, Kant la llama el «imperativo categórico». Ahora bien, para Nietzsche el imperativo categórico kantiano es un grosero invento, un «truco de prestidigitación» que pretende reemplazar el Decálogo divino, y que solo sirve para retrasar la etapa que sigue a la de la muerte de Dios: el derrumbamiento de la moral. Los europeos no son capaces aún de asumir su crimen y su postrera consecuencia: la necesidad de refundar una moral «más allá del Bien y del Mal».

¿Ofreció Nietzsche las claves de esta nueva moral? No, pues Nietzsche es ante todo un deconstructor. Es apasionante leer su obra pues tiene un aliento y un estilo incomparables, pero no ofrece un proyecto de reconstrucción coherente de la filosofía. Muestra los callejones sin salida del pensamiento, denuncia con talento las imposturas religiosas, ironiza jubilosamente con los defectos de los unos y los otros, pero él mismo no propone un proyecto filosófico coherente. Se contradice muy a menudo, por lo demás; afirma algo y su contrario, y lo asume plenamente. Para mí, Nietzsche es más un visionario, una especie de profeta inspirado y a menudo exaltado de los tiempos modernos, que un filósofo riguroso. El derrumbamiento físico en el que cayó durante los últimos 10 años de su vida es como un síntoma de su pensamiento: si se quiere aprehenderlo de un modo racional y lógico, conduce a un callejón sin salida. Está atravesado por un permanente flujo de irracionalidad, de tensiones contradictorias, de puntos de vista exaltados, místicos incluso. Nietzsche es un artista del pensamiento más que un constructor de conceptos. Lo que en nada mengua la pertinencia de muchas de sus afirmaciones. Y, volviendo a nuestro tema, vio perfectamente que la muerte de Dios implicaría al final una completa refundación de la moral. En nuestros días puede verse cada vez más con las preguntas que plantea la clonación, la procreación médicamente asistida, la homoparentalidad, etcétera, al no poder ya apoyarse en las morales clásicas, adosadas al orden natural o a la ley religiosa, solo podemos navegar a simple vista y argumentar entre puntos de vista contradictorios, ninguno de los cuales ofrece una legitimidad absoluta, aceptable para todos. Nos vemos enfrentados a un nuevo «politeísmo de los valores», retomando la expresión de Max Weber, que sucede al consenso de los valores de las sociedades religiosas tradicionales, en este caso el del mundo judeo-cristiano que está desapareciendo.

Los padres fundadores del ateísmo moderno:
Comte, Feuerbach, Marx, Freud

Dejando al margen a Nietzsche, los pensadores del siglo XIX que más argumentaron en favor del ateísmo son Auguste Comte, Ludwig Feuerbach, Karl Marx y Sigmund Freud. Son para mí los padres fundadores del ateísmo moderno y encontramos siempre uno u otro de sus argumentos en las palabras de los filósofos ateos que les suceden en los siglos XX y XXI. No todos abordan la cuestión de Dios y de su negación desde el mismo punto de vista, pero todos llegan a la conclusión de que la fe en Dios constituye una profunda alienación: alienación intelectual para Comte, antropológica para Feuerbach, económica para Marx, psicológica para Freud. Todos creen, además, como la mayoría de sus contemporáneos y a la inversa de Nietzsche, en el progreso ineluctable de las sociedades humanas gracias a la razón. La religión, que en Occidente se apoya en la fe en Dios, es concebida como un obstáculo, incluso el último obstáculo, para la realización de un mundo que ofrezca lo mejor de lo humano, liberado por fin de la ignorancia y de todos sus males.

En su *Curso de filosofía positiva* (1830-1842), Auguste Comte, al que se considera como el padre de la sociología, expone su ateísmo a través de su método positivista. Tomando de Turgot la teoría de los tres estadios de la humanidad, afirma que la humanidad evoluciona del estadio "teológico" (infancia), al estadio "metafísico" (adolescencia), hacia el estadio "científico" o "positivista" (adulto). Una vez llegado, el hombre deja de hacerse la infantil pregunta del por qué para interesarse solo en los hechos y en el cómo de las cosas. Las últimas obras de Comte están marcadas por un delirio místico en el que el filósofo se toma por el papa de una nueva religión positivista –con su catecismo, su culto, sus santos–. Su teoría, de todos modos, marcará el nacimiento del cientificismo y del espíritu positivista que coloca en el rango de superstición cualquier método e interpretación de lo real distinto al de la ciencia experimental.

En su magistral obra *La esencia del cristianismo* (1841), que ejercerá una gran influencia en el pensamiento nietzscheano, Ludwig Feuerbach desarrolla la tesis según la cual las religiones no hacen más que proyectar sobre Dios la propia esencia del hombre: «Crees en el amor como en una cualidad divina porque tú mismo amas, crees que Dios es sabio y bueno porque no conoces, en ti, nada mejor que la bondad y el entendimiento». Así, el hombre se despoja de sus propias cualidades para objetivar a Dios: es el mecanismo de alienación antropológica que Feuerbach intenta demostrar con fervor. En una perspectiva evolucionista del progreso de las sociedades, el filósofo alemán explica que «la religión es la esencia infantil de la humanidad que prefiere el tiempo de la madurez filosófica, donde el hombre se apropia de nuevo, por fin, conscientemente de lo que inconscientemente había proyectado sobre ese Ser imaginario».

Contemporáneo y apasionado lector de Feuerbach, Karl Marx quiere llevar más allá el análisis de su mentor y pretende explicar por qué el hombre necesita crear dioses y alienarse en religiones. Va, pues, a centrarse en el análisis histórico y económico de las sociedades que producen alienación religiosa. En sus célebres *Manuscritos de 1844*, Marx explica que, por muy ilusoria que sea, la religión constituye, sin embargo, una real protesta contra la opresión socioeconómica: «La angustia religiosa es, por una parte, la expresión de la angustia real y, por la otra, la protesta contra la angustia real. La religión es el suspiro de la criatura oprimida, el alma de un mundo sin corazón, como es el espíritu de condiciones sociales de las que está excluido el espíritu. Es el opio del pueblo». Marx pretende, pues, pasar de la crítica filosófica de la religión (Feuerbach) a la crítica política de una sociedad injusta que produce religión porque produce desgracia. Atacando las raíces del mal, la explotación del hombre por el hombre, está convencido de que la ilusión religiosa desaparecerá por sí misma con los últimos explotados. Dios se desvanecerá cuando finalicen las condiciones históricas que lo produjeron.

Pero el más radical de todos ellos es, sin duda, Freud. En todo caso, aquel cuya crítica sigue actuando con mayor fuerza. De *Tótem y tabú* (1913) a *Moisés y el monoteísmo* (1939), pasando por *El porvenir de una ilusión* (1927), la crítica de la religión de Sigmund Freud toma de Feuerbach la temática del carácter infantil y alienante de la actitud religiosa, concebida como proyección del psiquismo humano sobre fuerzas superiores. Mientras Marx busca la explicación de esta actitud en el análisis económico de las sociedades y los conflictos sociales, Freud prefiere ponerlos de relieve con el estudio de los conflictos del psiquismo humano. Partiendo de su experiencia empírica de terapeuta, su progresiva teorización de las leyes del inconsciente le proporciona argumentos para intentar demostrar el carácter profundamente ilusorio de la religión. De sus argumentos, el que más poderoso me parece es el siguiente: para evitar los ataques de la angustia –el "desamparo"–, el hombre inventa a un Dios bueno, sustituto de la protección paterna que percibe como desfalleciente, pero también la creencia en la vida eterna. Freud acaba considerando, así, la génesis psíquica de las representaciones religiosas como «ilusiones, cumplimiento de los deseos más antiguos, más fuertes y más apremiantes de la humanidad; el secreto de la fuerza es la fuerza de estos deseos». El psicoanálisis es la mejor respuesta que Freud proporciona para intentar liberar al hombre de esta alienación psíquica. En resumen, mientras el hombre adulto de Kant o de Voltaire era un hombre religioso liberado de la tutela de las instituciones, el hombre adulto de Feuerbach o de Freud es un hombre sin religión, liberado de la fe en Dios.

¿Qué valor tienen esos argumentos? El positivismo de Comte me parece bastante primario. Corresponde a lo que se denomina el "cientificismo", esta fe absoluta en la ciencia convertida en una especie de religión. Se ha podido evaluar, con el tiempo, que no solo la ciencia no tenía respuesta para todo, sino que podía conducir también a inventos tecnológicos destructivos. «Ciencia sin conciencia es solo ruina del alma», decía ya Rabelais en el siglo XVI. Es muy evidente que los progresos del conocimiento racional hacen avanzar a la humanidad, pero la ética, el respeto por el otro, el amor le son igualmente necesarios para no sumirse en la barbarie. Por otra parte, no creo que los progresos del conocimiento y el florecimiento de las ciencias eliminen por completo, algún día, la fe en Dios. Como decía Pascal, Dios habla al corazón más que a la razón. Se puede ser un gran científico y creer en Dios, aunque sea necesario reconocer que la gran mayoría de los científicos son ateos o agnósticos. Por lo que se refiere al argumento de Marx, que no es falso en su análisis (es evidente que la religión "consuela"), me parece poco seguro en su conclusión: no creo que la fe en Dios desaparezca con el fin de la alienación económica y de los últimos explotados. Este final no es solo muy ilusorio sino que, además, la fe en Dios tiene causas más profundas que la miseria económica y social; y muchas personas económicamente favorecidas tienen una fe inquebrantable. El análisis de Feuerbach es más potente, pues demuestra muy bien el antropomorfismo que actúa en la construcción del concepto del Dios personal, absolutamente bueno y perfecto, y sí podemos preguntarnos qué sería de una humanidad que se reapropiase de todas sus cualidades proyectadas sobre ese Ser invisible. Pero, también aquí, la conclusión de Feuerbach me parece demasiado optimista: no creo que los seres humanos que se hayan librado de Dios se vuelvan forzosamente mejores y más humanos. Comte y Feuerbach son en exceso dependientes de esa idea de ineluctable progreso de las sociedades heredada del siglo XVIII. Auschwitz, el Gulag e Hiroshima han destrozado esta ideología del progreso y la fe ciega en la ciencia o en la política que la impulsaban.

Y hemos visto grandes ideologías ateas (el nazismo, el comunismo) cometiendo crímenes más espantosos aún que los que se cometieron durante los precedentes milenios en nombre de Dios. Eso en nada desmerece la crítica filosófica de la existencia de Dios, pero permite también relativizar la confianza absoluta en el hombre y en las sociedades "liberadas de Dios".

A fin de cuentas, la crítica freudiana es la que me parece, hoy todavía, más pertinente, porque afecta a lo más profundo de la psique de cada cual: la necesidad de ser tranquilizados ante los peligros del mundo y la angustia de la muerte. Spinoza lo subrayaba ya: «Estamos dispuestos por la naturaleza a creer fácilmente en lo que esperamos». Podemos, pues, dudar de algo tan deseable como un Dios absolutamente bueno y una vida eterna bienaventurada.

El darwinismo

Cada vez que se ha producido un nuevo progreso científico decisivo, se han escrito gran cantidad de artículos o de libros para explicar que eso suponía que las campanas doblaban a muerte por Dios. De hecho, hasta hoy, ningún descubrimiento científico ha probado la no existencia de Dios, aunque todas han hecho retroceder la explicación religiosa del mundo. Antes del prodigioso desarrollo de la ciencia moderna, a partir del siglo XVII, la religión tenía respuesta para todo. Pretendía dar contestación a las preguntas referentes al origen del mundo y de la vida. Ahora bien, la ciencia ha hecho caduca esa pretensión y ha demostrado que la religión decía a menudo, sobre estas cuestiones, cosas del todo erróneas (recordemos el proceso a Galileo). La religión se replegó, pues, a los dominios donde la ciencia no tiene autoridad: las cuestiones del sentido y de la moral. E incluso si en estos dominios sufre la seria competencia de la filosofía y de las espiritualidades orientales no teístas, sigue gozando de cierta audiencia, pues el ser humano se verá siempre enfrentado a las cuestiones del enigma de su existencia y del vivir juntos.

El progreso científico que, probablemente, más crédito hizo perder a Dios es la teoría de la evolución por la selección natural de Darwin. Contradice la Biblia (e, indirectamente, el Corán que retoma la Biblia en estas cuestiones) según la cual el mundo fue creado por Dios hace algo menos de 6000 años y, sobre todo, que Dios intervino directamente para crear la vida, luego al ser humano como distinto a todas las demás criaturas, «a su imagen y semejanza». En su obra principal, *El origen de las especies* (1859), donde reunió todas las observaciones geológicas y biológicas de su tiempo, Darwin muestra que la vida es el fruto de un proceso evolutivo de varios millones de años en el que todas las especies vivientes evolucionaron a partir de uno solo o de algunos antepasados comunes, gracias a un proceso de selección natural. El hombre es, pues, fruto de una larga cadena evolutiva. No es necesario ya Dios para explicar el desarrollo de la vida, la aparición del hombre y el aumento de la complejidad. Más allá del cuestionamiento de la Biblia (siempre puede hacerse una lectura simbólica del relato del Génesis), la teoría darwinista –que desde entonces ha ido precisándose y mejorándose, aunque jamás cuestionada científicamente en sus fundamentos– trastornó a numerosos creyentes porque da un relato racional de la historia de la vida y proporciona una respuesta creíble –aunque comporte todavía algunos interrogantes– a uno de sus mayores misterios: la aparición de un ser inteligente. Y esta es la razón por la que, más de 150 años después de su publicación, es todavía terriblemente combatida por los fundamentalistas judíos, cristianos y musulmanes.

Un cielo sin Dios

El hecho de que hayamos descubierto que la Tierra, a fin de cuentas, es solo un pequeño planeta que gira alrededor de un Sol, perdido en una pequeña galaxia en el seno de un universo compuesto por millones de galaxias más, relativiza también, y mucho, el lugar central del hombre en la creación y, por tanto, de Dios. Como decía Pascal: «El silencio eterno de esos espacios infinitos me asusta». ¡Qué magnífica frase! Es evidente que el conocimiento astronómico moderno ha trastornado la concepción religiosa. Al menos por tres razones. En primer lugar ha expulsado a Dios del cielo. Los antiguos consideraban la bóveda celeste como perfecta y de substancia divina. En la Edad Media cristiana, podía considerarse también que el reino de Dios se situaba en un lejano espacio celestial. Hoy sabemos que todo el universo está hecho de la misma materia que la nuestra y a nadie se le ocurre ya buscar a Dios en una lejana galaxia. ¿Dónde está entonces? La idea de un más allá invisible es la única solución. Luego, al demostrar que la Tierra gira alrededor del Sol y no a la inversa, la revolución copernicana mostró que la Tierra no es el centro del mundo, lo que cuestionó el antropocentrismo bíblico. A ello se añade el descubrimiento de que somos muy poca cosa en un universo infinitamente más viejo e infinitamente más vasto de lo que se ha podido imaginar.

El principio antrópico

A la inversa, los progresos de la astrofísica permiten también aportar un argumento en favor de la existencia de Dios, o al menos de un principio creador inteligente. Es el principio antrópico que hemos mencionado al finalizar el capítulo precedente: la regulación inicial de los componentes del universo es tan fina que un solo microcambio de esos parámetros no habría permitido la eclosión de la vida en la Tierra y el desarrollo de la complejidad que desembocó en la aparición de un ser inteligente. Lo que lleva a introducir la probable hipótesis de una inteligencia creadora que hubiese regulado esos parámetros con vistas a la aparición del hombre. Hemos visto que este argumento llevó a muchos científicos a proponer otra hipótesis: la existencia de múltiples universos. De entre los miles de millones de universos existentes, al nuestro, "por casualidad", le habría tocado el premio gordo. Este último ejemplo muestra, una vez más, que no pueden aportarse pruebas de la existencia de Dios ni pruebas de su no existencia. A lo sumo argumentos que acarrearán, muy a menudo, otros contraargumentos. Estos argumentos, aunque evidentemente no tengan, todos, el mismo alcance ni el mismo valor, pueden ayudarnos a forjarnos una íntima convicción, pero jamás un saber.

De Hawking a Dawkins: la crítica contemporánea

Decenas de obras de filósofos y científicos ateos han aparecido en estos últimos años. ¿Qué más aportan? Hay libros de científicos de renombre, como Stephen Hawking, ya citado, que propone un modelo de explicación científica del universo sin recurrir a la hipótesis de un principio creador, abogando especialmente por la hipótesis de los universos múltiples. Hawking es ateo, pero no presenta su tesis como una prueba irrefutable de la no existencia de Dios. Encontramos sobre todo libros de filósofos o de científicos que expresan las razones de su ateísmo. La mayoría parte de la constatación de la violencia y del fanatismo religioso y llevan a cabo una crítica radical de los monoteísmos. En este registro me parece que los dos más interesantes son los del filósofo Michel Onfray (*Tratado de ateología*, 2005) y del biólogo Richard Dawkins (*El espejismo de*

Dios, 2006). El tono es polémico, acerbo, virulento, pero la reflexión es estimulante, y los hechos y citas mencionados son, a menudo, edificantes.

Me impresionó especialmente una experiencia que cuenta Dawkins, realizada en Israel por el psicólogo Georges Tamarin. Presentó a 1 066 alumnos de 8 a 14 años el relato bíblico de la toma de Jericó por Josué, anunciando que Dios entregó la ciudad a los israelitas y exhortando a sus tropas a saquearla, quemarla y matar tanto a los hombres como a las mujeres, tanto a los niños como a los ancianos, sin olvidar a los animales. Luego Tamarin hizo a los niños la simplísima pregunta moral: «¿Creéis que Josué y los israelitas actuaron bien o no?». El 66% de los niños respondieron con una total aprobación, el 8% con una aprobación parcial y solo el 26% con una total desaprobación. En todas las respuestas positivas, la matanza cometida por Josué estaba justificada por la religión. Tamarin tomó como testigo otro grupo de 168 niños israelíes de la misma edad y les propuso el mismo texto de la Biblia, pero cambiando los nombres de Josué por «general Li» y el de Israel por «un reino chino de hace 3 000 años». Entonces, ya solo fue el 7% de los niños el que aprobaba la matanza, y el 75% la desaprobó por completo. La lección de este test es clara: cuando no está en juego la fidelidad a la propia religión, los niños adoptan por aplastante mayoría una posición moral universal, según la cual está mal matar a inocentes. Dawkins no lo dice, pero hay que precisar también que el test se efectuó en 1966, en un contexto de extremada tensión entre Israel y el mundo árabe, lo que puede explicar en parte ese exacerbado sentimiento identitario. Y es muy probable que, si hiciéramos el mismo experimento en los Estados Unidos con hijos de fundamentalistas o a partir de escenas guerreras del Corán con niños musulmanes en escuelas coránicas del Paquistán, obtendríamos resultados muy similares. El sentimiento religioso identitario influencia considerablemente a los hombres, hasta el punto de hacerles olvidar, a veces, su pertenencia a una humanidad común y la moral humanista que de ello se desprende. Es una crítica de la religión que sigue siendo muy pertinente, aunque no afecte directamente, a mi modo de ver, a la cuestión de la existencia de Dios. Pues es muy posible imaginar que Dios reprueba esos comportamientos violentos y que esos textos no fueran inspirados por Él. La mala conducta de los creyentes no es, ciertamente, un punto bueno para Dios, pero refuta más a las religiones y su cortejo de atrocidades que al propio Dios. Por otra parte, esas tesis son siempre acusadoras: son acusaciones que multiplican los ejemplos del fanatismo y del oscurantismo religioso. Pero no presenta jamás la versión de la defensa. Ahora bien, las religiones no son solo origen de atrocidades. Lo hemos visto con Max Weber, también han desempeñado un papel decisivo en el desarrollo de la racionalidad y, por tanto, indirectamente, en el del saber y las ciencias. También acompañaron el nacimiento y el desarrollo de todas las civilizaciones, aportando un discurso ético y obras de solidaridad hacia los más débiles: no fueron organizaciones ateas las que crearon los primeros hospicios, los orfelinatos, los sistemas de redistribución solidaria de las riquezas, fueron instituciones religiosas. La historia nos ha mostrado que las religiones pueden aportar tanto lo mejor como lo peor, y siento curiosidad por saber qué habría sido de la aventura de la humanidad si ninguna religión y ningún Dios hubieran inspirado jamás las acciones humanas. No es seguro que hubiera sido un paraíso terrenal. Pero, naturalmente, esta no es razón para no luchar hoy, con todas nuestras fuerzas, contra el oscurantismo y el fanatismo religioso. Por ello, estos argumentos me parecen más emocionales y afectivos que racionales (a todos nos conmueve una mujer que va a ser lapidada en nombre de Dios) y jamás del todo pertinentes para justificar un ateísmo filosófico.

En este sentido, la obra del filósofo francés André Comte-Sponville, *El alma del ateísmo* (2006), es de muy distinta naturaleza. Está muy bien argumentada, pausada, matizada y, sin duda, mucho más convincente por ello. Desarrolla seis argumentos principales en favor del ateísmo: la debilidad de los argumentos opuestos (las supuestas pruebas de la existencia de Dios, que deconstruye una tras otra); su negativa a explicar el misterio del mundo por algo más misterioso aún (Dios); la desmesura del mal; la mediocridad del hombre; el hecho de que Dios es demasiado deseable para ser cierto (argumento freudiano), y, por fin, sencillamente, aunque es sin duda el argumento más decisivo, la experiencia común (si Dios existe, deberíamos sentirlo o verlo más).

La fe y la duda

¿Cómo explican las religiones que, si Dios existe, no lo veamos o no se imponga a todos? Responden que no lo vemos porque no tiene cuerpo: es un espíritu puro. Pero podremos verlo en cierto modo "con los ojos del alma", cuando esta se haya desprendido de nuestro cuerpo. No es manifiesto, pues si lo fuera no seríamos ya libres de amarlo, tanto nos aplastaría su luz y su amor. Dios se oculta, pues, y se revela discretamente de varios modos que no coaccionan al hombre: la belleza del mundo, la revelación profética (la Biblia, Cristo, el Corán...), la gracia en el corazón de quienes están dispuestos a acogerla. Por tanto, el creyente se adhiere a Dios por la fe, y la fe, como su nombre indica, no es una certeza o un saber. Por eso la fe y la duda racional pueden cohabitar en un mismo individuo... salvo con los fanáticos y los integristas de todo pelaje, que pretenden *saber* que Dios existe y que, por ello, quisieran imponerlo a todos. Pero el propio hecho de que Dios no es evidente, que no se ve, que no todos hacen Su experiencia, muestra que solo la fe, es decir, una especie de confianza afectiva, permite creer en Dios. Y la fe no impide al creyente sentir dudas racionales. Mucha gente se quedó asombrada al saber, varios años después de su muerte, que la madre Teresa había dudado de la existencia de Dios durante casi 50 años. Pero jamás dijo que había perdido la fe y que ya no creía en Dios. Solo dijo que no sentía ya, interiormente, la presencia de Dios, cuando antes la había sentido muchas veces, y que, enfrentada a tanto sufrimiento, había dudado sin cesar. La fe permite la duda y la duda no suprime la fe. Cuando eso sucede, no se está ya en la fe, sino en el ateísmo, algo que no sucedía con la madre Teresa, por ejemplo, aunque afirmara que fue una prueba terrible. Pero varios grandes místicos de la tradición cristiana vivieron una experiencia similar, comenzando por Teresa de Lisieux que dijo haber permanecido sumida durante varios años, cuando estaba encerrada en un carmelo, en los argumentos y los sentimientos del ateísmo, que afirma haber comprendido y vivido desde el interior. Juan de la Cruz, ese carmelita del siglo XVI, también describió en su poema *La noche oscura* cómo Dios pone a prueba la fe de sus amigos más íntimos, purificándola por medio de la duda. Así le aman de modo totalmente gratuito, sin sentir nada ni esperar nada a cambio, apoyándose en la fe pura, y no en algún argumento o sentimiento. A un creyente, que de todos modos mantiene una relación afectiva con Dios, pueden satisfacerle sin duda esas explicaciones, mientras que un agnóstico o un ateo verá en ellas, evidentemente, una racionalización algo desesperada de la ausencia de Dios, no como prueba, sino como hecho.

¿Por qué, si Dios existe, no lo vemos?

Regresando al argumento más sencillo según el que, si Dios existe, deberíamos verlo o sentirlo, pienso que lleva consigo la fuerza de la evidencia y constituye el principal factor del desarrollo del ateísmo actual. Muchos jóvenes, que no han recibido educación religiosa, ni siquiera se plantean la cuestión de la existencia de Dios. No solo no lo ven, sino que advierten que los creyentes no son forzosamente más felices o mejores que los demás, de modo que Dios se convierte en una hipótesis inútil. Como pone de relieve muy acertadamente André Comte-Sponville, puesto que no tenemos ninguna experiencia objetiva de Dios, no les toca a los ateos aportar la prueba de que Dios no existe, sino más bien a los creyentes aportar la prueba de que existe ese Dios invisible. En 1952, el filósofo Bertrand Russell lo había expresado ya de modo muy gracioso con su metáfora de la "tetera celestial": si afirmo que entre la Tierra y Marte hay una tetera de porcelana gravitando alrededor del Sol, en una órbita elíptica, me pedirán que lo demuestre. Y si afirmo que eso es imposible porque es demasiado pequeña para ser vista por nuestros telescopios más potentes, se burlarán de mí o me tomarán por loco... con razón. Al igual que racionalmente, de modo espontáneo, somos "a-teteristas", somos espontáneamente ateos. La fe en Dios procede de una antigua tradición, de una herencia familiar, de una experiencia interior subjetiva, eventualmente de una argumentación, pero no por ello tiene sentido. De lo contrario, todos seríamos "conocedores" (y no creyentes) y la fe no existiría.

10. Violencia, misoginia, sexualidad reprimida: ¿Dios es fanático?

No pueden ya contarse los crímenes y matanzas perpetrados, a lo largo de los siglos, en nombre de Dios. ¿Cómo explicar esta violencia? A pesar de sus mensajes de amor, de misericordia y de fraternidad, todas las religiones tienen, en efecto, las manos manchadas de sangre. Esto es especialmente cierto en el caso de los monoteísmos, esas religiones basadas en una revelación, convencida cada una de ellas de que es la poseedora de la única verdad que les fue dada por Dios. Extraen de ello un sentimiento de superioridad sobre las demás: puesto que solo ellas, creen, proceden de la «verdadera revelación divina». Se vuelven así intolerantes y a menudo han legitimado la violencia «en nombre de Dios». Y, además de la intolerancia vinculada a la revelación, el deseo de dominio, el atractivo del poder es, sobre todo, lo que hace violentas a las religiones.

El fanatismo judío

El caso del judaísmo es entonces particular, puesto que durante más de 2 500 años fue una minoría políticamente dominada o perseguida. En tiempos de Jesús, como hemos visto, Palestina está bajo el dominio romano: solo el campo religioso es delegado a los judíos. Estos cargan, sin embargo, contra los herejes: Jesús es entregado por el Sanedrín a Pilatos para que sea condenado a muerte. Los Hechos de los Apóstoles relatan las persecuciones judías de las que fueron víctimas los primeros cristianos: el Sanedrín procede a los arrestos, hace lapidar a Esteban (7, 57-58), lleva a cabo «una violenta persecución contra la Iglesia de Jerusalén» (8, 1). Luego, antes de finalizar el siglo I de nuestra era, los judíos se diseminan y, desde entonces, son siempre minoritarios y perseguidos, y todo ello hasta la creación del Estado de Israel, en 1948. Lamentablemente, vemos el fanatismo que desde entonces anima a numerosos colonos religiosos en nombre de la reconquista entregada, según ellos, por Dios al pueblo judío. Se expresa de modo increíblemente violento en Hebrón, el 25 de febrero de 1994, cuando Baruch Goldstein, un colono sionista religioso de la colonia de Kiryat Arba, miembro de la Liga de defensa judía, entró en la tumba de los Patriarcas durante la plegaria para matar, con su fusil ametrallador, a 29 palestinos y herir a 125 antes de caer a su vez. El Gobierno israelí condenó con gran firmeza aquel horrible atentado, pero su tumba se ha convertido en lugar de peregrinación para miles de colonos extremistas. Puede leerse en ella este epitafio: *To the holy Baruch Goldstein, who gave his life for the Jewish people, the Torah and the nation of Israel.* (A Baruch Goldstein, el hombre santo que dio su vida por el pueblo judío, la Torá e Israel).

Los cristianos y la sangrienta lucha contra las herejías

El caso del cristianismo es mucho más elocuente, pues ejerce un poder político durante numerosos siglos. Los cristianos, que se niegan a rendir un culto al emperador y no respetan, pues, las leyes de la ciudad, son violentamente perseguidos por las autoridades romanas durante los tres primeros siglos. Pero todo cambia a comienzos del siglo IV. En el 313, por voluntad del emperador Constantino, el cristianismo es oficialmente rehabilitado en el Imperio. El obispo de Roma, Melquíades, recibe ricas dotaciones. Al año siguiente se celebra el Concilio galo de Arles. Podría imaginarse que quienes durante tres siglos habían sido perseguidos iban a mostrarse tolerantes con las nuevas minorías. Pero no es así: el Concilio enumera la lista de los fieles que serán mantenidos apartados de la comunión, por ejemplo la «gente de teatro», e impone pesadas penitencias a quienes ofrezcan sacrificios a los dioses de Roma. En el 380, el cristianismo se convierte en religión de Estado. Y empieza a mostrarse implacable: con los no cristianos (los infieles), pero también con los cristianos que se desvían del dogma (los herejes). Sin embargo, por aquel entonces, a la Iglesia, considerando que Cristo había prohibido derramar sangre, le repugna todavía la ejecución de los herejes que suelen ser expulsados del Imperio. Por desgracia, grandes teólogos cristianos acabarán apoyando el uso de la violencia en nombre de Dios. Pienso por ejemplo en san Agustín que, a comienzos del siglo v, en su *Contra Fausto*, califica la violencia de «mal necesario» para proteger la sociedad cristiana y ayudar a los herejes a conseguir la felicidad eterna. Habla también de «persecución justa». Los papas utilizarán sus argumentos en cuanto les sea necesario actuar contra los infieles (judíos y musulmanes) y los herejes (como los cátaros). Jesús había dicho: «Mi reino no es de este mundo», y he aquí que están construyendo un reino cristiano. La política prevalecerá en adelante sobre la mística y la espiritualidad. Quienes no se adhieren a la ortodoxia son combatidos porque amenazan la unidad política de la sociedad. No son tolerados. Los matan en nombre de Dios.

A comienzos del siglo ix, con la reforma carolingia puesta en marcha por Carlomagno, el poder político multiplica las persecuciones contra los infieles y los herejes. Luego, la guerra contra los infieles toma mayor magnitud con las Cruzadas. Cuando, el 27 de noviembre de 1095, el papa Urbano II llama a los fieles para que partan en ayuda de los cristianos de Oriente y "liberen" Jerusalén de los infieles, concluye así su llamada –una llamada a la guerra santa–: «¡Dios lo quiere!». Y promete a todos los que partan una indulgencia plenaria, es decir, la remisión de todos sus pecados. Ninguna voz se levanta para denunciar esta llamada. El gran san Bernardo, que predica la cruzada, avala incluso personalmente la noción de "guerra justa". Al escribir la regla de los Templarios, esos famosos monjes soldados encargados de proteger a los peregrinos, explica que matar a un infiel no es un "homicidio" sino un "malicidio", justificando así que unos monjes puedan matar en nombre de Dios. Ninguna voz se eleva tampoco cuando, de camino hacia Jerusalén, los cruzados proceden a pogromos antijudíos, primero en Reims, luego en todas las ciudades que atraviesan y donde tienen la desgracia de encontrarse algunas comunidades judías. Nueve cruzadas se organizan entre 1095 y 1270. Al mismo tiempo, la Iglesia se ha atribuido –siempre en nombre de Dios– la misión de luchar contra las herejías cristianas. Una gula del papa Gregorio IX, del 8 de febrero de 1232, crea la Inquisición con este objetivo. Grandes teólogos justifican también la extrema y desenfrenada violencia que sigue. Santo Tomás de Aquino, por ejemplo, confirma: «Los herejes merecen ser separados del mundo por la muerte» (*Suma teológica*, II, II, Q 11, art. 3). Los inquisidores, no lo olvidemos, son sacerdotes o religiosos, en su mayoría dominicos y franciscanos. Están autorizados por el papa a practicar la tortura por «amor y misericordia». La pena de muerte, por su parte, sigue siendo aplicada por las autoridades civiles, tras decisión de la Iglesia. Los cruzados y los inquisidores actuaban por orden del papa, expresándose en nombre de Dios, y con el aval de los mayores teólogos que les confirmaban que su acción permitía devolver, de buen grado o por la fuerza, y más bien por la fuerza además, las ovejas extraviadas al recto camino. Había, claro está, algunas voces discordantes, pero eran escasas y se manifestaron sobre todo a partir del Renacimiento. El ejemplo más conocido es el del dominico Bartolomé de Las Casas que, a mediados del siglo XVI, denunció el genocidio de los indios de América, declarándolos «hermanos en Cristo» mientras la Iglesia se preguntaba, blandamente, si tenían o no un alma. Algunas personas ilustradas al margen de los medios clericales, como Montaigne, unieron sus voces a la suya... pero podían contarse con los dedos de una mano.

El antijudaísmo cristiano

¿Cómo se explica el odio de los cristianos hacia los judíos, a lo largo de la historia? Jesús era judío y los judíos jamás quisieron amenazar el poder de la Iglesia. Tras la destrucción del Templo, cuando se constituye el judaísmo rabínico, las relaciones entre judíos y cristianos están rotas. Ya algunos decenios antes san Pablo pronunció palabras terribles, no solo contra los sumos sacerdotes que habían deseado la muerte de Jesús, sino también contra los judíos en general: «Éstos mataron al Señor Jesús y a los profetas; nos persiguieron; disgustan a Dios; son los adversarios de todos los hombres puesto que nos impiden proclamar la Palabra a los paganos para que se salven; continúan así llevando al colmo su pecado. Pero la cólera de

Dios les ha alcanzado de modo decisivo» (I Tesalonicenses, 2, 15-16). Inspirándose en este terrible texto, la idea del pueblo "deicida" castigado por Dios se desarrollará en la Iglesia a partir del siglo II. Como hemos visto, será necesario esperar al Concilio Vaticano II (1962-1965) para que sea firmemente condenada y que la fórmula "pérfidos judíos" se retire del texto de la liturgia del Viernes Santo que conmemora, cada año, la pasión de Jesús. En cuanto el Imperio romano se hace cristiano, los judíos son injuriados, discriminados, expulsados de Roma. En el 514, el IV Concilio de Orleans adopta una serie de medidas contra ellos, prohibiéndoles, entre otras cosas, comparecer en público durante el período de Pascua o, también, emplear a un cristiano o un pagano. En 1215, durante el Concilio de Letrán, deseando el papa que se les pudiera distinguir, especialmente para impedir los matrimonios con los cristianos, hace que se obligue a los judíos a llevar la rueda, un círculo amarillo puesto de modo llamativo en el pecho. El amarillo, entre los cristianos, simboliza la traición, incluso a Lucifer: Judas es tradicionalmente representado llevando una túnica amarilla. Hacia finales de la Edad Media, el amarillo se vincula con el desorden, con la locura: los bufones y los locos van también vestidos de amarillo. San Luis, el rey Luis IX, impone a los judíos que lleven dos signos, uno en la espalda y el otro sobre el pecho. Este signo estigmatizador será, como sabemos, retomado por los nazis. Aunque en el período moderno actúen otras causas, existe una continuidad entre el antijudaísmo cristiano y el antisemitismo moderno, que desembocó en el exterminio de casi 6 millones de judíos en los campos de la muerte.

El fanatismo musulmán

Alá, como Yavé, protege a los suyos. Es, también, un «Dios de los ejércitos». El Corán impone el principio de la yihad, comprendido de dos modos distintos. El primero es la yihad en sí, la guerra contra tus propios demonios; el segundo es la yihad por la *umma*, la comunidad. Es la guerra santa contra los infieles: «Libra combate contra los infieles y sé duro con ellos», dice el Corán (9, 73; 66, 9). Alá no da cuartel: «La recompensa de quienes combaten contra Alá y Su profeta, y se esfuerzan en sembrar la corrupción sobre la tierra, es que sean muertos o crucificados, o que les sea cortada la mano y la pierna opuesta, o que sean expulsados del país» (5, 33). Llama a la guerra: «Oh Profeta, incita a los creyentes al combate. Si hay entre vosotros veinte resistentes, vencerán a doscientos; y si hay cien, vencerán a mil descreídos, pues son verdaderamente gente que no comprende» (8, 65). El estatuto de los combatientes es explícito: son dignos de privilegios y de recompensas, tienen un «grado de excelencia sobre quienes se han quedado en su casa» (4, 95-96). Se dan a los guerreros consejos estratégicos: «No recurráis a la paz cuando tenéis la superioridad» (67, 35). El propio Mahoma era, a la vez, un jefe espiritual y político, y un guerrero convencido de que el islam es la única religión

(61, 9), el «partido de Dios» a quien corresponderá, *in fine*, la victoria (5, 56). La tradición musulmana abundó en este sentido, instituyendo el estatuto de mártir para quien muera combatiendo por Alá, y prometiéndole 70 vírgenes en el más allá –una precisión que no existe en el Corán, sino en los hadices–. Hay una justificación coránica de la violencia, si se toma el Corán al pie de la letra, como existe un "derecho" bíblico a la violencia.

Se producirán terribles y mortíferas derivas a lo largo de toda la historia de las conquistas musulmanas. La constitución del Imperio musulmán, que se inició inmediatamente después de la muerte de Mahoma, se hizo por la espada. Los vencidos podían elegir: abrazar la nueva religión o cargar con el estatuto de *dhimmis* si eran judíos o cristianos, de "protegidos" que, de hecho, no gozaban de los mismos derechos que los musulmanes. Y, exactamente como en el cristianismo imperial, todas estas acciones eran legitimadas por una justificación divina: el combate se libraba en nombre de Dios, y por Él. Del mismo modo que el clero acabará bendiciendo las armas de los cruzados cristianos, algunas autoridades religiosas musulmanas acompañarán a los combatientes a la guerra. Los califas, que asentarán su poder sobre la religión y consagrarán la indivisibilidad entre Estado y religión, contribuirán a que esta ideología arraigue en el islam. Resurgirá incluso después de la abolición del califato, en el siglo XX, en una multitud de grupos islamistas. Inspirará, por ejemplo, a los Hermanos Musulmanes que nacieron en Egipto e inscribieron en su bandera:

«Dios es nuestro objetivo, el Profeta nuestro modelo, el Corán nuestra ley, la yihad nuestro camino, el martirio nuestro deseo». Esta ideología está evidentemente en el meollo del yihadismo, la muerte por Dios que cantan los integristas, con su cohorte de atentados que, hoy todavía, siguen ensangrentando Irak, Paquistán, Afganistán, etcétera.

La necesaria separación de los poderes políticos y religiosos

El cristianismo habría podido tomar el mismo camino, el de la exageración en nombre de Dios, y seguir ejerciendo una violencia política. ¿Por qué no lo hizo? O, más bien, ¿por qué dejó de hacerlo? Porque existió la Ilustración del siglo XVIII, los Locke, los Voltaire, los Bayle que reclamaban una sociedad a la que podríamos denominar laica, aunque ellos no utilizaran esta palabra, un Estado que no esté bajo el yugo de la Iglesia católica. Para ellos no se trataba de suprimir la religión, sino de reservarla para la esfera privada. Así aparecen las primicias del Estado democrático y moderno, donde el poder político no es ya santificado por Dios y donde la verdadera legitimidad corresponde al pueblo. Los judíos, los ateos, los protestantes, los católicos, los francmasones se convierten todos en ciudadanos de pleno derecho. No se puede ya perseguir a nadie por su religión o sus creencias. Los derechos del hombre van a convertirse en los valores fundamentales de sociedades que se apoyan en el respeto por la persona humana: libertad de conciencia, libertad de religión, libertad de expresión. La Iglesia no pudo detener esa oleada procedente de la sociedad...

El Concilio Vaticano II, que reunió a los católicos, marcará un giro muy importante en los años 1960. Desde el Renacimiento, y especialmente con la Ilustración, la Iglesia católica era atacada. Se defendía considerando que todas las ideas del mundo moderno, incluso la libertad de conciencia, eran otras tantas declaraciones de guerra a Dios. El Concilio Vaticano II rompió por completo con esa lógica defensiva. Lo inauguró Juan XXIII en 1962: el papa deseaba un *aggiornamento*, una "puesta al día" de la Iglesia. Fue clausurado tres años más tarde, por Pablo VI. Durante este período se adoptaron 16 decretos y constituciones, cambiando el rostro de la Iglesia católica y ofreciéndole, en el fondo, la posibilidad de regresar a la misión espiritual que había ocultado. El más controvertido de los documentos conciliares trataba de la libertad religiosa. Al aceptar su principio, la Iglesia se arrepentía de siglos de persecuciones y admitía, implícitamente, la existencia de otras verdades, aunque considere que no son tan "verdaderas" como la suya. Para algunos católicos era un sacrilegio: abandonaron la Iglesia reivindicando el "verdadero" catolicismo. Son los lefebvristas, los discípulos de monseñor Lefebvre. Para estos, integristas, el mundo no se ha movido desde hace siglos. Se encuentran todavía en el estado de ánimo que condujo a las guerras de religión.

Es cierto que con Juan Pablo II y, más aún, con Benedicto XVI tenemos la sensación de cierta marcha atrás. Esos dos papas sintieron el deseo –sobre todo Benedicto XVI– de mostrar que es la Iglesia católica la que posee *la* verdad, incluso frente a las Iglesias protestantes. En 2000, la declaración vaticana *Dominus Jesus* denunciaba, por lo demás, las «teorías relativistas que pretenden justificar el pluralismo religioso», reafirmando, en su introducción, el «carácter definitivo y completo de la revelación de Jesucristo (y) la naturaleza de la fe cristiana con respecto a las demás revelaciones». Esta declaración fue muy mal recibida por las demás Iglesias cristianas puesto que reafirmaba la «subsistencia de la única Iglesia de Cristo en la Iglesia católica», dicho de otro modo, la exclusión de lo que suele llamarse las demás "Iglesias hermanas". Benedicto XVI presidía por aquel entonces la Congregación para la doctrina de la fe, heredera del Santo Oficio que había dirigido la Inquisición, y el documento muestra claramente la huella de su proximidad con los integristas lefebvristas –a los que, por lo demás, rehabilitó en cuanto fue papa–. Pero, salvo por estas posiciones teológicas, la Iglesia católica ha renunciado efectivamente al uso de la violencia –que condena en todas partes con la mayor firmeza– para imponer su punto de vista. Aunque los haya combatido durante más de 500 años, la Iglesia es hoy por completo partidaria de los derechos del hombre. Es preciso decir que la Ilustración se inspiró muy explícitamente en el mensaje del Evangelio que, por otra parte, la Iglesia había olvidado un poco: ¡libertad, igualdad, fraternidad!

La misoginia de las religiones

¿Derechos del hombre... derechos de la mujer? A pesar de los progresos del cristianismo por lo que se refiere a la libertad de conciencia, vemos que el lugar de la mujer sigue siendo una cuestión compleja. ¿Acaso todas las religiones son misóginas? Hemos visto ya cómo la sedentarización de los humanos se llevó a cabo según un modelo mayoritariamente patriarcal. Ahora bien, del mismo modo que tomaron el control de las ideas y, luego, de las ciudades, los hombres tomaron el de las religiones, relegando a la mujer a un papel secundario, incluso a una total ausencia de papel, salvo en el seno del hogar y bajo la tutela del marido. Las justificaciones teológicas llegaron más tarde. A menudo las aportaron los textos religiosos que afirman que la mujer es, primero, tentadora y que es necesario proteger de ellas a los hombres –cubriéndola, ocultándola, castigándola si comete falta–. Para justificar el hecho de que no pueda llevar a cabo los gestos rituales, se alegó su impureza en el momento de las reglas: «Cuando una mujer tiene un flujo de sangre y la sangre fluye de su cuerpo, permanecerá durante siete días en la mancilla de sus reglas. Quien la toque será impuro hasta la noche. Toda yacija en la que ella se tienda así mancillada será impura. Quien toque su lecho tendrá que lavar sus vestiduras, lavarse con agua, y será impuro hasta la noche», dice el Levítico (5, 19-29), uno de los cinco libros de la Torá. ¿Cómo podría, entonces, dirigir la plegaria? Dicho esto, a escala mundial, hay excepciones: por ejemplo, hay un millar de mujeres rabino en los Estados Unidos, todas ellas pertenecientes al judaísmo liberal. Es cierto que no efectúan la plegaria matutina de los judíos ortodoxos que empieza así: «Te doy gracias Dios por no haberme hecho mujer», –plegaria que expresa la situación inferior de la mujer en el judaísmo ultraortodoxo, donde debe llevar una peluca para ocultar su cabello, una vestidura hasta los pies y con largas mangas para ocultar su cuerpo. Por lo demás, en esta corriente, solo los hombres tienen derecho a estudiar teología. Afortunadamente, no ocurre así entre la mayoría de los judíos.

¿La situación de la mujer en el mundo musulmán es la misma? En este punto, el Corán es de una sorprendente modernidad para su época. Evidentemente, la mujer es separada de cualquier función religiosa, y también aquí a causa de sus reglas: «Es un mal», dice el Corán (2, 222). Durante este período está dispensada del ayuno, al igual que los viajeros y los enfermos, pero al revés de lo que dice el Levítico, su impureza no es "contagiosa". Un versículo coránico es muy explícito por lo que se refiere al estatuto de la mujer: «Los creyentes y las creyentes se proporcionan mutuas protecciones. Dirigen el bien y prohíben el mal. Llevan a cabo la plegaria, dan limosna, obedecen a Alá y a Su profeta» (9, 71). Y el Corán nada dice del velo: en las siete ocasiones en que se cita el hiyab, se trata de una cortina que se entiende en el sentido espiritual; salvo en una sola ocasión, referente a las mujeres del profeta, donde es una cortina material. El Libro santo del islam ordena el pudor, tanto a los hombres como a las mujeres, sin entrar en detalles de lo que implica este pudor. Pero todavía hoy, en nombre de tradiciones religiosas ulteriores, los hadices, dichos sobre los que se basa en gran parte la *charia*, la ley coránica, se lapida a las mujeres adúlteras (un castigo que no existe en el Corán), se autoriza, se alienta incluso al hombre a pegar a su mujer, se prohíbe lo mixto porque la mujer es peligrosa. Los teólogos musulmanes afirman que un versículo coránico autoriza al hombre a pegar a su mujer: «Por lo que se refiere a aquellas cuya desobediencia teméis, exhortarlas, alejadlas de sus lechos y pegadles» (4, 34). La periodista sudanesa Lubna Ahmad al-Hussein, que había sido condenada a 40 latigazos por llevar pantalones (algo que iba contra la ley islámica en su país), publicó un libro, *Suis-je maudite?* (2011), donde desmonta este versículo. Explica que existen al menos tres significados para la palabra *daraba*, y que los teólogos solo mencionan uno: "pegar". Ahora bien, sigue diciendo, en árabe la palabra puede significar también "alejarse" o tal vez... "¡hacer el amor!". Pero la tradición no quiere ni oír hablar de eso. Ha admitido definitivamente, como palabra divina, el hecho de que un hombre está habilitado para pegar a su mujer porque es superior.

En la mayoría de las religiones, la mujer tiene, *de facto*, un estatuto inferior: no tiene los mismos derechos que los hombres. Evidentemente, más que la palabra "inferior", que estigmatiza, se utiliza la de "distinta". Pero, como hemos visto, eso no es siempre imputable a los propios textos. El ejemplo que más sorprendente, me parece, es el de los Evangelios: Jesús estaba rodeado de mujeres, algunas eran prostitutas, sin embargo eran las más cercanas a él y le permanecieron fieles hasta su muerte, al revés que sus discípulos masculinos. Ahora bien, vemos cómo las Iglesias católica y ortodoxas prohíben a la mujer el acceso al sacerdocio, con el pretexto de que los 12 apóstoles eran hombres. No es así entre los protestantes. Por una parte, porque el protestantismo sigue de más cerca el texto evangélico, que quiso limpiar de las escorias añadidas por siglos de tradición. Por la otra, porque acompañó la entrada de Occidente en la modernidad y es por esencia más democrático que las demás Iglesias cristianas. Las Iglesias protestantes se han liberado en su mayoría del tabú de la mujer: esta puede ser pastor, al igual que un hombre, obispo incluso entre los luteranos que han conservado una jerarquía clerical. Otras tradiciones religiosas son también una excepción, pienso especialmente en las tradiciones chamánicas en las que hombres y mujeres pueden asumir la función de chamán. En Occidente tenemos la impresión de que las tradiciones orientales –el hinduismo, el budismo, las religiones chinas– son menos misóginas que los monoteísmos. Es pura imaginación. Existe en la tradición hindú lo que se denomina las *Leyes de Manu*, un código legislativo redactado entre el siglo II antes de nuestra era y el siglo II de nuestra era, basado en textos sagrados, y que permaneció en vigor en la India hasta la independencia, en 1947. Tácitamente sigue aplicándose hoy. Estas leyes rigen el estatuto de las castas, pero también el de la mujer. Y son implacables: «Una niña, una muchacha, una mujer de edad avanzada no deben nunca hacer nada según su propia voluntad, ni siquiera en su casa», especifican

(V, 147-148), puesto que la mujer permanece dependiente de su padre, de su marido luego, de sus hijos por fin, y es inferior a ellos. No tiene tampoco derecho a la iniciación religiosa: su iniciación es el matrimonio. Y para esperar la *moksha*, la liberación del ciclo del *samsara*, debe aguardar... a renacer hombre. La razón es evidente: la mujer está mancillada por una suciedad original que despierta cada mes, cuando tiene sus reglas. Ya conocemos, por otra parte, el drama de las *satis*, las esposas que se inmolan vivas en la pira de su marido cuando este muere, prueba para ellas de inmortalidad. Este atroz ritual no figura en las *Leyes de Manu*, pero la tradición sigue siendo fuertemente apoyada por los nacionalistas hindúes.

El budismo no llega hasta ahí, pero la igualdad entre hombres y mujeres tampoco es en él concebible. Según la tradición que se narra en el *Cullavagga*, el Buda aceptó fundar una orden de monjas, las *bhiksunis*, después de que su tía le suplicara que lo hiciese, pero puso sus condiciones: el monje más joven mantendría siempre la preeminencia sobre la más antigua de las monjas, «aunque sea centenaria», y ninguna monja podría nunca amonestar a un monje, cuando lo inverso estaba autorizado. Hoy sigue siendo así. Del mismo modo que en la tradición hindú e incluso en la China (puesto que esta afirmación se encuentra en el *Libro de los ritos* de Confucio), el *Saddharma Pundarika Sutra*, un antiquísimo texto budista, recuerda que «en su familia, la muchacha debe obediencia a su padre; en su familia política, debe obediencia a su esposo; a la muerte de su esposo, la madre debe obediencia a su hijo». Este mismo *sutra* afirma que una mujer, por muchos méritos que tenga, no puede acceder al Despertar: tiene previamente que renacer como hombre. Esta regla sigue en vigor en el Theravada, la escuela budista dominante en Asia del Sur y del Sudeste (Sri Lanka, Tailandia, Camboya, Laos...).

Creo que, al final, todas las religiones no tendrán más remedio que evolucionar, en especial sobre la cuestión de la mujer. En lo que se refiere al catolicismo, por ejemplo, un reciente sondeo muestra que el 80% de los católicos practicantes en Francia no verían inconveniente alguno en la ordenación de las mujeres. La Iglesia anglicana de Inglaterra llevó a cabo recientemente esta revolución: en 1994, la primera mujer sacerdote, Katherine Rumens, fue ordenada; el acontecimiento hizo correr mucha tinta. Si vais hoy a Inglaterra, las mujeres sacerdote son norma. Las revoluciones en el mundo árabe nos han mostrado mujeres en las calles, manifestándose como los hombres, a su lado, dando así a entender que su papel no se limitaría ya al hogar: también ellas tienen derecho a gestionar la ciudad. En el mundo entero, hoy, es colosal la separación entre la base de los fieles y las instituciones religiosas.

Placer y sexualidad reprimidos

Algunas religiones tienden también a reprimir la sexualidad y el placer. En las tradiciones judía y cristiana, esencialmente católica, se ha convenido que el acto sexual tiene una única finalidad: la procreación. Solo con el objetivo de engendrar es tolerada la sexualidad. Sin embargo, la sexualidad es magnificada en la Biblia, citaré aquí el Cantar de los Cantares, una oda al amor, un poema tórrido en el que se habla de un vientre femenino que «se retuerce de deseo», de senos comparados a «racimos de uva», de «gritos de felicidad» que resonarán en la habitación. «Todos los escritos son santos, pero el Chir hachirim (el Cantar de los Cantares) es el Santo de los santos», afirmó el rabino Aquiba a sus pares cuando se trató de eliminar la Setenta, la versión griega de la Biblia. El Cantar fue clasificado incluso entre los Libros sapienciales. La sexualidad se reconoce también en el islam con su parte de goce: «Vuestras esposas son para vosotros un campo de labor. Id a vuestro campo como deseéis y cuando deseéis», dice el Corán (2, 223). En el mundo musulmán se han consagrado tratados enteros a una "teología del amor", por ejemplo la *Epístola sobre el deseo amoroso* de Avicena, en el siglo XI de nuestra era. Y además sin duda se conocerá el *Kama Sutra* hindú, transcrito en el siglo III de nuestra era por el brahmán Vatsyayana a partir de antiguos textos sagrados que se transmitían oralmente. Tampoco voy a volver al taoísmo, cuyas enseñanzas descansan en la fusión del *yin* y del *yang*, de lo femenino y de lo masculino como prueba de acceso a la inmortalidad. Por lo que al budismo se refiere, predica la castidad para los monjes, la extremada moderación para los laicos, pero no se condena el placer.

No todas las religiones tienen problemas con el placer... a condición de que esté controlado, en cualquier caso por lo que se refiere al placer femenino, esa gran intriga para el hombre. Creo que, en efecto, una de las razones de la misoginia del hombre y del sometimiento de la mujer es, también, la envidia con respecto al goce femenino porque es infinito, mientras que el del hombre es finito. Hay una especie de abismo del goce sexual de la mujer que da miedo al hombre y le contraría.

El cristianismo es la única religión monoteísta que impone a sus clérigos la castidad y el celibato. ¿Por qué? La castidad se predica como un ideal de perfección, está reservada a aquellos a quienes podemos llamar los "atletas de la vida espiritual": los monjes, en el budismo y en el cristianismo ortodoxo y oriental, los sacerdotes también, en el catolicismo. Dicho esto, la regla del celibato de los sacerdotes tardó en imponerse en la Iglesia: durante siglos, era normal que estuvieran casados, tuvieran familia, y esta tradición perduró en la mayoría de las Iglesias católicas de Oriente. Fueron los obispos quienes, en primer lugar, se vieron afectados por el celibato: se veían obligados a desplazarse permanentemente, les era imposible tener al mismo tiempo la carga de una comunidad de fieles y la de una familia. También tuvieron algo que ver las desviaciones financieras, un enriquecimiento de ciertos sacerdotes que metían la mano en las cajas de la Iglesia para (bien) alimentar a su familia. El celibato de los clérigos fue decretado por el IV Concilio de Letrán, en 1123. El celibato, pero no la castidad que, por su parte, no fue realmente impuesta hasta el siglo XVI, con el Concilio de Trento, para responder a la crítica protestante de las disolutas costumbres del clero. Por aquel entonces, incluso los papas tenían amantes oficiales. El movimiento católico de la Contrarreforma comprendió la necesidad de reformar las costumbres del clero para evitar el naufragio de la Iglesia, pero no quiso tampoco seguir a los protestantes por el camino del matrimonio de los clérigos. Creo, por lo demás, que la negativa actual de la Iglesia católica a conceder la posibilidad de ordenar, junto al celibato, a hombres casados se debe sobre todo a ese deseo de no "protestantizarse". Sin embargo, muchos sacerdotes tienen amantes ocultas, las "mujeres de curas" que, también ellas, comienzan a expresarse para denunciar la hipocresía impuesta por la institución. Conozco a cierto número de sacerdotes que renunciaron a su vida en la Iglesia para fundar una familia. Otros no consiguen renunciar a su vocación, quieren proseguir su sacerdocio. Lo prudente sería que la Iglesia regresara a una doble posibilidad, que es reconocida por los católicos de Oriente: un sacerdote puede ser célibe y un hombre casado puede ser ordenado, aunque jamás sea obispo.

El escándalo de los sacerdotes pedófilos

Es evidente que el voto de castidad es muy difícil de respetar para muchos hombres. Los sacerdotes o los religiosos que están en contacto diario con niños y adolescentes pueden sentirse tentados a dar ese paso. La mayoría no lo hace jamás y sería erróneo establecer un vínculo de causalidad inmediata entre castidad y pedofilia. Pero eso no elimina el hecho de que son varios miles los que han cruzado esta línea roja, y legítimamente podemos preguntarnos si lo habrían hecho llevando una vida sexual normal. Pienso sobre todo en quienes han mantenido relaciones con adolescentes, lo que constituye la gran mayoría de los hechos denunciados. Pues, con respecto a los niños, se trata a mi entender de una patología que se expresa en cualquier estado de vida y concierne tanto a los solteros como a los hombres casados. De hecho, la verdadera causa del escándalo de la pedofilia en la Iglesia no es tanto la cuestión del celibato como la de la jerarquía católica que ha ocultado durante decenios las actuaciones de sus miembros para proteger la institución de un escándalo. De ese modo, ha alentado a los depredadores pedófilos a proseguir sus actos descarriados y decenas de miles de niños habrían podido librarse de ello si la Iglesia hubiese mantenido otra política. Dio un giro de 180° en 2000, cuando los casos comenzaron a surgir en los Estados Unidos y no se pudo ya comprar el silencio de las víctimas.

¿Y si Dios fuera una mujer?

El efímero papa Juan Pablo I dijo al inicio de su pontificado que Dios podría representarse perfectamente como una mujer, puesto que carece de sexo. Se expresó también en favor de la contracepción. Murió de modo no aclarado pocas semanas más tarde. Me gusta mucho esta historia judía: en el paraíso, Dios creó primero a Eva y no a Adán. Pero Eva se aburre. Le pide entonces compañeros a Dios. Dios crea los animales. Eva sigue insatisfecha y pide a Dios un compañero que se le parezca, con quien pudiera mantener mayor complicidad. Dios crea a Adán, pero le pone a Eva una sola condición: que no revele jamás al hombre que fue creada antes que él para no herir su susceptibilidad. Y Dios concluye: «Que sea un secreto, que quede entre las dos... entre mujeres».

11. Cuando Dios habla al corazón

Tras tan terrible requisitoria, es necesario escuchar al abogado defensor: ¿ha suscitado Dios algo más que violencia, dominio, misoginia, intolerancia y oscurantismo? Un hombre honesto de la Edad Media nada encontraría que decir, sin duda, de la Inquisición o las Cruzadas. Los valores de paz, de tolerancia, de respeto por uno mismo y por el otro, de búsqueda de la verdad sin apriorismos se nos impusieron progresivamente desde hace algunos siglos, y utilizando como medida esos valores modernos –que yo reivindico plenamente–, lanzamos una mirada hacia el pasado y el presente de las religiones.

La fe: un fermento de civilización

Queda manifiesto que, junto a las numerosas derivas que hemos evocado, los monoteísmos han desempeñado también un papel determinante en la génesis y el desarrollo de esos valores que tan queridos nos son hoy. Como decíamos con Nietzsche y Weber refiriéndonos al cristianismo, el Occidente moderno no se habría convertido en lo que es sin el Dios de la Biblia y el mensaje evangélico. Y el mundo musulmán, antes de conocer un declive y una zambullida en el oscurantismo, conoció las Luces de la razón y favoreció el florecimiento de las ciencias. Retomando la afortunada fórmula de Régis Debray: «El islam conoció su Renacimiento antes de su Edad Media». En los siglos IX y X, cuando el Imperio carolingio emprendía el vuelo, el Occidente cristiano no poseía aún ninguna universidad y su mayor biblioteca no debía de tener mucho más de 2 000 obras, consagradas casi todas a la teología cristiana. Por aquel entonces, en la Andalucía musulmana se estudiaba astronomía, medicina o filosofía griega en una de las 17 universidades de la Península hispánica, y la gran biblioteca de Córdoba tenía casi 300 000 obras, entre ellas todos los textos conocidos en la época de los filósofos de la Antigüedad.

Quienes afirman que el islam solo ha producido oscurantismo son unos ignorantes. Y puede decirse lo mismo del judaísmo y el cristianismo: lo mejor se codea con lo peor. Las más altas cimas de la inteligencia se codean con los razonamientos teológicos más perversos para justificar la eliminación de los disidentes, los conmovedores testimonios de amor se codean con las marcas de intolerancia más oscuras. La historia de los monoteísmos muestra una formidable ambivalencia. Ahogaron la razón crítica y favorecieron, al mismo tiempo, su florecimiento, aplastaron y elevaron al ser humano, oprimieron y liberaron a la mujer, favorecieron la fraternidad y engendraron el rechazo del otro, aportaron una ética universal y justificaron el asesinato de quien molesta. Puede, pues, escribirse un libro entero atestado de ejemplos sobre la perversión de Dios y de las religiones, pero también una obra igualmente importante sobre lo que la fe en Dios ha producido de bueno y constructivo para el hombre.

Sin mencionar el patrimonio arquitectónico y artístico. O cuando se piensa en obras como la catedral de Chartres, el Mont-Saint-Michel o la gran mezquita de Córdoba y las innumerables obras maestras musicales o pictóricas inspiradas por la fe: de la *Misa en ut menor* de Mozart a la *Anunciación* de Fra Angelico, pasando por la *Pasión según san Juan* de Bach y la *Cena* de Leonardo da Vinci, por hablar solo del patrimonio cristiano. Pero al igual que la fe produjo obras artísticas que siguen conmoviéndonos, también inspiró una vida buena, feliz, generosa a millones de creyentes en todas las épocas. Hombres y mujeres cuyo nombre no ha recordado la historia, de todas las condiciones sociales, pero cuya fe en Dios fue un apoyo y una guía para vivir con dignidad y respeto hacia el otro. Pues, como recordaba Pascal, «es el corazón el que siente a Dios, no la razón». Los creyentes encuentran a Dios primero en su corazón, y su fe no es tanto fruto de un razonamiento intelectual como el sentimiento de un don recibido, de una proximidad afectiva con aquel a quien percibe como su creador. Cada creyente tiene una relación particular con Dios, que procede de una relación personal que mantiene con él. Un ateo podría pensar que esta relación es una ilusión, pero para el creyente que lleva una vida de plegaria regular es a menudo tan real y "sostenedora" como la relación que mantiene con sus más íntimos: sus hijos, sus padres, su cónyuge.

La plegaria

Hay varias dimensiones de la plegaria. Está el acto de adoración, en el que el creyente afirma su radical dependencia con respecto al creador, se prosterna ante él, lo reconoce como a su Dios y le entrega toda su vida. Este es, por ejemplo, el fundamento de la plegaria musulmana: cinco veces al día, por lo menos, el fiel adora a Dios prosternándose. Pero esta forma de plegaria se encuentra también en la vida monástica cristiana. Y además están, claro, todas las plegarias orales con las que el fiel le habla a Dios, le da las gracias, le suplica, le implora. Aunque algunas estén codificadas, como el «Padre Nuestro», la mayoría son fórmulas espontáneas que brotan del corazón del creyente: fórmulas de alabanza, de acción de gracias, de petición.

El creyente no espera forzosamente respuesta a su plegaria, pero quienes oran experimentan a veces una presencia en lo más íntimo de su ser. Por otra parte, yo definiría la plegaria en su dimensión más profunda como un "corazón a corazón" con Dios, o con Cristo para los cristianos. Es un ponerse en presencia, una escucha interior, un amante recogimiento en el que Dios puede responder con una gracia tocando el corazón del fiel. La respuesta de Dios puede llegar también a través de algún acontecimiento significativo de la vida, un encuentro, una súbita inspiración. Donde el no creyente no verá sentido especial en este acontecimiento, el creyente podrá leer en él la señal del destino o de una gracia divina. Es cierto, depende de los creyentes. Algunos piensan que Dios no interviene en absoluto en su vida y en la vida de los seres humanos en general. Lo que no les impide orar, pero su plegaria es más una adoración o una acción de gracias. Otros piensan por el contrario que Dios escucha y cuida a los fieles que oran. Jesús en el Evangelio lo dice explícitamente: «Orad y os escucharán, pedid y recibiréis». Invita, pues, a sus discípulos a orarle o a orar a Dios, a quien llama su "Padre", y promete una respuesta a toda plegaria. Dicho esto, no pretende que Dios vaya a satisfacer cualquier petición. Si se pide aprobar un examen o ganar en la lotería, hay pocas posibilidades, si Dios existe, de que se preocupe por esas cuestiones. Las peticiones de las que habla Jesús son peticiones vinculadas a cosas más esenciales: la curación interior, la profundización de la fe, el acrecentamiento del amor.

Dios se mezcla en las cosas del mundo

He dicho más arriba, refiriéndome al cristianismo, que Jesús pretendía mostrar que Dios no estaba aquí para ocuparse de los asuntos del mundo. Jesús llegó para revelar que el mundo de Dios no era de este mundo. En ese sentido, muestra que Dios no hace política y permite que los hombres construyan libremente su historia, para lo bueno y para lo malo. Pero no es porque no intervenga en los asuntos temporales de los hombres, que no interviene en los de su corazón. Dios puede, pues, tener una acción invisible en la humanidad, por medio de la gracia que concede a los hombres. Y ese es, a mi entender, el sentido de los salmos judíos, de los *Gathas* del zoroastrismo, del Corán o de las palabras de Jesús: Dios escucha todas las plegarias y responde a su modo a las más justas de ellas. Es lo que se llama la "providencia divina". Pero, una vez más, esta providencia no está ahí para ayudar al creyente a ganar más dinero o poder. No está forzosamente ahí, tampoco, para protegerlo de cualquier desgracia corporal y salvarlo de la muerte, como muestra la historia. Es lo que tanto impresionó a Voltaire en la catástrofe de Lisboa, acaecida el 1 de noviembre de 1755. Entre 50 000 y 100 000 personas perecieron durante un terrible terremoto, a pesar de hallarse especialmente reunidas en las iglesias para celebrar la gran fiesta de Todos los Santos, y los edificios se habían derrumbado. Eso confirmó a Voltaire en su sentimiento de que Dios no se ocupa de las cosas de los hombres y deja perecer tanto al justo como al injusto, al fiel como al infiel, según las leyes de la naturaleza que fijó de una vez por todas en el instante de la creación. Encontramos también esta idea en la frase de Jesús: «Él (Dios) hace que el sol salga tanto para los malvados como para los buenos» (Mateo 5, 45). Dicho de otro modo, Dios no interviene en esta Tierra para castigar a los malvados y recompensar a los buenos, la justicia divina se aplicara en el más allá, después de la muerte. Aquí abajo, Dios gratifica a sus fieles con su gracia interior: puede aumentar en ellos la fe, la esperanza, el amor, la alegría, la comprensión. Y no es imposible pensar que el hecho de tener más fe pueda producir "milagros", curaciones inexplicables, ayudas percibidas como providenciales, etcétera. Pero Dios parece intervenir a través de la fe del fiel, no directamente. Como decía Jesús con respecto a sus "milagros", la fe produce la curación o el acontecimiento percibido como sobrenatural, no una inmediata intervención divina que transgrediría las leyes de la naturaleza.

La dimensión mística de la fe

Finalmente, los hombres y las mujeres que aman a Dios en el silencio de su corazón, en un diálogo interior, nos hacen pensar en esos creyentes místicos del primer milenio antes de nuestra era que intentaban vivir experiencias personales de lo divino. En este sorprendente período axial de mediados del I milenio antes de nuestra era, los hombres, como hemos visto, sintieron en efecto la necesidad de entrar directamente en contacto con Dios o lo divino. Contra la lógica clerical ritualista y sacrificial, desearon vivir una experiencia personal de lo Absoluto. Esa aproximación de lo humano y lo divino no ha cesado, desde entonces, de profundizarse y democratizarse. Pero, tienen toda la razón, en lo esencial nada ha cambiado realmente. Un movimiento se puso en marcha en el seno de todas las tradiciones religiosas y no ha dejado de ampliarse. Las lógicas institucionales y ritualistas no han desaparecido, sufren la competencia de corrientes espirituales que proponen a los fieles la posibilidad de un contacto y una experiencia directos con Dios o lo divino. Lo que podríamos denominar en sentido amplio la "mística". Son, por ejemplo, el movimiento hasídico en el judaísmo, el sufismo en el islam, el monaquismo cristiano en sus múltiples formas: benedictino, cisterciense, cartujo, franciscano, dominico, ignaciano, carmelita, etcétera.

Universalidad de la experiencia mística

La mística es, pues, una forma de espiritualidad transcultural basada en la experiencia directa de Dios, en un fuerte encuentro con Él. El fenómeno místico, y sencillamente la experiencia espiritual, suele inscribirse en un marco cultural religioso dado, al tiempo que lo supera. Dicho de otro modo, los individuos que viven una experiencia de lo Absoluto hablan de ello con las categorías mentales y las palabras de su cultura –cristiana si es cristiana, hindú si es hindú, musulmana si es musulmana, etcétera–, pero sus experiencias superan las culturas y se parecen extrañamente. Puesto que esta experiencia es inefable, el lenguaje poético se convierte en el mejor medio de dar cuenta de ello y se advierte que los poetas místicos de todas las religiones dicen cosas muy similares y coinciden en lo esencial, a pesar de las insuperables diferencias dogmáticas de su religión respectiva.

Recuerdo así haber conseguido, hace una decena de años, que un abad benedictino y un lama tibetano se encontraran. Pasaron una semana entera juntos. Primero en el monasterio de Kergonan, en Bretaña, luego en el centro tibetano de Dhagpo Kagyu Ling, en Dordoña. Comenzaron abordando las cuestiones teológicas generales referentes al budismo y al catolicismo: ahí no estaban de acuerdo en nada. La idea de un Dios personal creador que se revela hablando a los profetas le parecía impensable al lama, al igual que una religión sin Dios le parecía incongruente al monje cristiano. Y luego, al cabo de tres días, comenzaron a hablar de su experiencia espiritual personal. Y ahí estaban de acuerdo en casi todo. Tanto el uno como el otro hablaban de la necesidad del silencio interior, del guía espiritual, de la confianza y de la fe, de los obstáculos y el ego que debe superarse, de la importancia de la concentración y de la atención, del amor y de la compasión que son el punto de partida y el final de toda búsqueda espiritual. Es cierto que, a veces, las palabras variaban, las técnicas también, pero se advertía que en el fondo hablaban el mismo lenguaje: el lenguaje de quienes viven una experiencia espiritual concreta, los que emprenden el ascenso a la misma montaña, sea cual sea el nombre que se le dé y el sendero utilizado.

Hay una fuente divina en la que beben los místicos de todas las religiones y donde comulgan en el silencio y la alegría de la contemplación. Y luego, muy lejos por detrás, a una distancia suficiente para estar seguros de que el agua no les salpique, están los teólogos, los guardianes del templo y los doctores de esas mismas religiones que se pelean indefinidamente por saber si el agua de esta fuente es gaseosa o no, calcárea o no, mineral o no...

Hay puntos comunes muy sorprendentes que revelan, a mi entender, cierta universalidad del espíritu humano. Todos los que profundizan en sí mismos, en una sincera búsqueda de verdad, acaban por descubrir lo mismo o cosas muy similares. Por ejemplo, la mayoría de los místicos descubre, en un momento dado, lo que ellos denominan, de un modo u otro, su propia "nada". Descubren que no son nada, que su "yo" no es nada. Y cuando podían sentirse del todo desesperados por este descubrimiento, son en cambio impulsados por un amor que les invade y les sume en la alegría, una alegría inefable. Pues sienten entonces un amor universal que trasciende cualquier apariencia, cualquier sentimiento identitario, cualquier dualidad, cualquier convención. El místico musulmán Rumi, en el siglo XII, lo expresa muy bien en su libro *Diwan*:

«¿Qué debemos hacer, oh musulmán? Pues no me reconozco a mí mismo. No soy cristiano, ni judío, ni parsi, ni musulmán. No soy del este ni del oeste, ni de tierra firme ni del mar. No soy del taller de la naturaleza, ni de los giradores cielos. No soy de la tierra, ni del agua, ni del aire, ni del fuego. No soy de la ciudad divina, no soy del polvo, no soy del ser ni de la esencia. No soy de este mundo, no soy del otro, no soy del paraíso ni del infierno. No soy de Adán ni de Eva, ni del Edén o de los ángeles del Edén. Mi lugar es el sin-lugar, mi huella lo que no deja huella; no es el cuerpo ni el alma, pues pertenezco al alma del Bien Amado. He abdicado la dualidad, he visto que los dos mundos son uno. Es Uno lo que busco, Uno lo que contemplo, Uno a lo que llamo. Es el primero, es el último, el más exterior y el más interior. No soy otro que "oh él" y "oh él que es". Estoy embriagado por la copa del amor, los mundos han desaparecido de mi mirada; no tengo más asunto que el banquete del espíritu y el salvaje beber».

Los místicos ante las instituciones religiosas

Son palabras de una libertad absoluta. Por eso algunos místicos han sido perseguidos por las autoridades religiosas. Pero muchos consiguen escapar a los rayos y truenos de los custodios del dogma por su popularidad y además, en cierto modo, sirven también a las religiones devolviéndoles un alma, vivificándolas. Hay, pues, una permanente tensión en la historia de los monoteísmos entre institución y experiencia mística, alimentándose ambas mutuamente: los místicos suelen apoyarse en una cultura religiosa que recibieron por su educación, y aunque se tomen a veces una gran libertad con su religión de origen, nunca la cuestionan por completo y contribuyen así a renovarla. Francisco de Asís es un buen ejemplo de ello: lleva una vida de radical pobreza y castidad que está en flagrante contradicción con las corrompidas costumbres del clero de su tiempo; se identifica con Cristo hasta el punto de recibir los estigmas de su pasión (las marcas de la crucifixión en los pies y en las manos), algo que nunca había sucedido en 1 200 años de cristianismo; habla con los animales y hace el elogio de la naturaleza mientras que a la Iglesia solo le interesa el ser humano, etcétera. Inquieta, pues, y mucho, a la institución católica. Pero en 1210, cuando se dirige a Roma convocado por Inocencio III, el papa tiene un sueño en el que ve a la Iglesia, simbolizada por la basílica de San Juan de Letrán, derrumbándose y la figura del pequeño monje italiano salvándola en el último momento. Apoyará, pues, la reforma franciscana que, tal vez, salvó a la Iglesia de un derrumbamiento bajo el peso de su poder temporal y financiero. Otros tuvieron más problemas pues existen líneas amarillas que no deben atravesarse. Una de ellas, en los monoteísmos, consiste en mantener siempre perfectamente la distinción entre Dios y sus criaturas. Ahora bien, la mayoría de los místicos viven una experiencia de "no dualidad" en la que se identifican con Dios. En el siglo X, el místico musulmán Al-Hallaj fue crucificado y descuartizado por haberse atrevido a afirmar: «Soy la Verdad», lo que suponía identificarse con Dios. De modo menos trágico, el gran teólogo dominico y místico de los siglos XIII-XIV Maestro Eckhart fue condenado por la Iglesia, especialmente por haber predicado una divinización del hombre por la gracia que parecía abolir la distancia entre la criatura y el Creador. Acusado de profesar una doctrina inmanente panteísta, nunca fue canonizado cuando es uno de los testigos y de los pensadores cristianos más importantes.

De hecho, los místicos judíos, cristianos y musulmanes pueden tener, gracias a su experiencia, una concepción de Dios que se aproxima a la que hemos evocado con respecto a la India. Lo divino se percibe a la vez como personal e impersonal, como trascendente e inmanente, en lo que uno solo puede identificarse o fundirse. Muchas oposiciones teológicas que parecen irreductibles en el discurso racional se disuelven en un lenguaje más poético y simbólico que procede de una experiencia del corazón.

12. ¿Qué futuro tiene Dios?

De la prehistoria a nuestros días hemos efectuado un largo recorrido histórico, y descubierto los numerosos rostros de los dioses, de Dios y de lo divino. Antes de preguntarnos por el porvenir de Dios, me gustaría hacer un breve balance de la fe hoy.

Balance de la fe en Dios en el mundo

Sin dejar de ser prudente –pues aunque las encuestas estadísticas son bastante numerosas en los países occidentales, a menudo faltan en otra parte–, es posible poner de relieve algunos grandes indicadores en el plano mundial. En la actualidad, la creencia en Dios es compartida aproximadamente por los dos tercios de la población mundial, incluyendo el hinduismo que, como hemos visto, es difícil clasificar en la categoría del monoteísmo o en la del politeísmo. El último tercio se divide entre religiones sin Dios (religiones chinas en plena renovación, budismo, animismo, chamanismo...) y una pequeña parte de la población que declara no tener pertenencia religiosa alguna (menos del 10% de la población mundial, principalmente en China y en los países europeos descristianizados).

La fe en el mundo en el 2050

Las previsiones que hacen los demógrafos en cuanto a la pertenencia religiosa muestran que los cristianos (todas las confesiones reunidas) pasarán de 2 000 millones hoy a 3 000 millones en el 2050; los musulmanes de 1 200 millones a 2 200 millones. Los hindúes de 800 millones a 1 200 millones; los budistas de 350 millones a 430 millones y los judíos de 14 millones a 17 millones. Estas cifras, evidentemente, no tienen en cuenta las profundas evoluciones internas que pueden vivir las mentalidades en los decenios por venir, ni las catástrofes o trastornos excepcionales. Teniendo en cuenta la evolución de las mentalidades, creo que lo que ocurre en Europa indica la tendencia: una creciente secularización, sin que se derrumbe la fe en Dios. Dicho de otro modo, las religiones tendrán cada vez menos poder sobre las sociedades y serán cada vez más numerosos los individuos que se declaren sin religión, lo que no por ello significará el final de la fe en Dios. Es un profundo movimiento de fondo que los sociólogos de las religiones denominan "creer sin pertenecer". Esta tendencia está vinculada a la evolución de los modos de vida y de las mentalidades en los países desarrollados. Los individuos se emancipan progresivamente de las instituciones religiosas, practican cada vez menos, pero muchos siguen teniendo una fe en Dios o una espiritualidad personal.

Desarrollo del "bricolaje" religioso

Es el famoso "bricolaje" del que hablan los sociólogos: cada cual se construye su propia religión o espiritualidad. Vemos, en efecto, cada vez más judíos o cristianos practicando la meditación budista, creyendo en la reencarnación o interesándose por el chamanismo, por ejemplo. Es el doble efecto de los tres grandes vectores de la modernidad: individualización, espíritu crítico y mundialización. En el mundo moderno, los individuos se emancipan del grupo y eligen libremente su fe y sus valores; desarrollan su espíritu crítico y se desprenden cada vez más del dogma y de las actividades religiosas; tienen acceso, por medio de la mundialización y el mestizaje cultural, a una considerable oferta religiosa a la que pueden recurrir libremente en función de sus necesidades. Se trata aquí, como ha puesto de relieve Marcel Gauchet, de una «revolución copernicana de la conciencia religiosa»: no es ya el grupo el que transmite e impone la religión al individuo, es este quien ejerce su libre elección en función de su deseo de desarrollo personal. Eso, unido a la rápida urbanización y al desarraigo que de ella se desprende, disuelve la religión colectiva en Europa.

Regresos identitarios

Y este proceso en nada es perjudicado por los renacimientos identitarios y fundamentalistas que observamos aquí y allá. Aunque estos sean espectaculares y llenen las portadas de los medios de comunicación, siguen siendo muy minoritarios en Europa: por 100 mujeres más con velo por año, tendréis 100 000 personas que abandonan cualquier práctica cultual. Pero esos renacimientos religiosos manifiestan, sobre todo, un endurecimiento del último reducto de creyentes muy practicantes. Es la tendencia predominante en el catolicismo bajo la égida de Benedicto XVI, como la de la mayoría de judíos, protestantes y musulmanes practicantes de Europa, que se radicalizan porque se sienten cada vez más aislados y minoritarios. El islam, en Francia, es también, por lo general, más identitario que las demás religiones por el hecho de que la gran mayoría de musulmanes franceses se perciben como una minoría estigmatizada, lo que no hace sino fortalecer los reflejos comunitarios. Eso muestra, por lo demás y de paso, el absurdo de los repetidos asaltos contra el islam que no hacen más que crispar sus facciones más rigoristas. Pero se advierte, aquí como en cualquier parte, que cuanto más cultos son y más integrados están los jóvenes musulmanes, más libertades se toman con el grupo y el dogma para vivir una espiritualidad personal. Y lo que se observa en Europa se observa también en otros países del mundo no cristiano, donde minorías hindúes o musulmanas europeizadas toman cada vez más distancia con respecto a la religión.

Por tanto, si el modelo europeo de valores, de educación y de modo de vida va a seguir propagándose por el mundo entero, podría muy bien suceder, a largo plazo –yo diría más un siglo que 30 años–, lo que sucede actualmente en Francia: la religión ocupará un lugar cada vez menos importante, y un habitante de cada dos, aproximadamente, seguirá creyendo, al tiempo que hace bricolaje con su creencia. En cambio, si nos vemos obligados a vivir graves crisis ecológicas, económicas o sociales, es posible que el movimiento se haga más lento o se invierta, pues la religión tradicional puede parecer una solución frente a miedos o peligros muy poderosos.

Dios no ha muerto, se metamorfosea

Cualquier pronóstico es arriesgado pero, personalmente, pienso que la tendencia moderna que trabaja la humanidad *via* Occidente desde el Renacimiento, conocerá todavía serios choques y vueltas atrás, pero que a largo plazo prevalecerá. Creo que todo hombre aspira profundamente a la libertad individual: la de elegir su modo de vida, su religión, sus valores, su oficio, su lugar de residencia, su cónyuge, su sexualidad, etcétera. Esta tendencia me parece irreversible y no deja de mundializarse como muestra la primavera democrática de los países árabes, aunque esta se vea marcada también por un regreso identitario a la religión. Creo que, salvo en una enorme catástrofe, ya ninguna dictadura podrá mantenerse en la Tierra y ya ninguna religión estará en condiciones de imponer su ley a los individuos. Los principales vectores de la modernidad, progresivamente, con puntuales vueltas atrás, van a extenderse al mundo entero. En semejante contexto, la religión debe preocuparse, pero no forzosamente Dios y menos aún la espiritualidad, es decir, la búsqueda del sentido de la vida. Pues una vez liberado de los apremios de la supervivencia y de las instituciones normativas y dogmáticas, los individuos seguirán interrogándose por el enigma de la existencia y haciéndose las preguntas esenciales: ¿qué es una vida realizada? ¿Cómo enfrentarse a la cuestión del sufrimiento y de la muerte? ¿Cuáles son los valores que fundamentan una vida? ¿Cómo ser feliz? ¿Cómo vivir en armonía y paz consigo mismo y con los demás? El gran desafío del siglo XXI será, pues, repensar la articulación del individuo y del grupo, del interés personal y del bien común, y todo ello en un mundo globalizado. Pues si el individuo se ha emancipado del peso del grupo y de la tradición, cada vez evalúa más los límites y los peligros del individualismo y del cada cual para sí.

La fe en Dios disminuye lenta pero firmemente. Me asombra, de todos modos, su resistencia con respecto a la velocidad y a la magnitud de la crisis de la práctica religiosa. Los dos elementos que mejor resisten son las ceremonias funerarias religiosas y la fe en Dios, que permanecen más o menos estables en Europa durante los 30 últimos años, según la encuesta ya citada sobre los valores de los europeos. Lo que muestra que, frente a la cuestión del enigma de la vida y frente a la muerte, la religión proporciona todavía respuestas o gestos esenciales para una mayoría de individuos que, por lo demás, se han distanciado de las Iglesias. Pero, volviendo a Dios, debemos plantearnos una pregunta: ¿en qué Dios cree la gente? Pues tras la palabra "Dios" se ocultan numerosas concepciones de lo divino que a veces nada tienen que ver ya con la definición dogmática.

Las representaciones de Dios, en efecto, están en plena mutación en Occidente. Señalo tres grandes metamorfosis del rostro de Dios en la modernidad que no dejan de acentuarse: se pasa de un Dios personal a lo divino impersonal; de la figura de un Dios masculino que da la ley a la figura de lo divino con cualidades femeninas de amor y de protección; de un Dios exterior que vive en los cielos a lo divino que solo encuentras en ti mismo.

De un Dios personal a lo divino impersonal

La erosión de la creencia en un Dios personal en beneficio de lo divino impersonal es una de las constataciones del estudio sobre *Los valores de los europeos*. En Francia, en 1981, sobre un 52% de personas que se declaraban creyentes, cada una de esas dos concepciones de Dios agrupaba el 26% de los creyentes. En el 2008, la creencia en un Dios personal había disminuido hasta el 20% mientras que la creencia en un Dios impersonal había pasado al 31%. El fenómeno se observa en toda Europa, en menores proporciones por lo que respecta a los países de la Europa latina, muy apegados aún al catolicismo. Y un sondeo de *Le Monde des religions* publicado en el 2007 resulta muy inquietante para la Iglesia de Francia: del 52% de católicos que afirman creer en Dios (los demás son católicos culturales no creyentes) solo el 18% cree en «un Dios con quien puedo entablar una relación personal». Eso significa que las tres cuartas partes de los católicos franceses que se afirman creyentes no creen ya en el Dios revelado de la Biblia y que son más bien deístas al modo de Voltaire o de numerosos francmasones. O que creen todavía en el Dios revelado de la Biblia, pero no se adhieren ya a las imágenes reductoras que de Él se han hecho, en la propia Biblia y en la predicación cristiana a lo largo de los siglos. Un Dios que se encoleriza, castiga, se lamenta, siente compasión, lamenta sus acciones, etcétera, no es ya creíble por demasiado humano. En el fondo asistimos a un fuerte rechazo de una concepción antropomórfica de lo divino. Se ha "cualificado" tanto a Dios que ha perdido por ello todo misterio y toda credibilidad, como había anunciado Nietzsche. Este rechazo es acompañado a veces, también, por una crítica del Dios a quien uno se dirige como a una persona y al que se convoca para resolver los problemas, que se inmiscuye en los asuntos de los hombres, que habla por boca de los profetas. Se cree más en un ser superior, una especie de gran arquitecto del universo, una inteligencia organizadora, o en una energía o una fuerza vital, como el *mana* de las primeras sociedades, ese fluido sutil que recorre el universo.

Cierto es que las espiritualidades orientales pudieron desempeñar algún papel en esa inclinación hacia lo divino impersonal. Ofrecieron un lenguaje, conceptos (la vacuidad budista, el brahman hindú, el Tao chino) que permiten a judíos y cristianos incómodos con una concepción demasiado personalizada de Dios no renunciar, por ello, a la idea de lo divino o a la experiencia que de ello hacen. Pero existen también en el seno de las tradiciones monoteístas corrientes alternativas hacia las que se vuelven numerosos creyentes contemporáneos y que ofrecen una visión de Dios menos personalizada: la Cábala judía y algunas corrientes de la mística cristiana y musulmana. Se califica a estas corrientes de "apofáticas", de la palabra "apófasis", que significa "negación": no puede decirse de Dios lo que ya no es. Antes de desarrollarse en la Cábala, la apófasis está ya en el corazón del judaísmo de Filón de Alejandría. Está también en el propio fundamento del neoplatonismo de la Antigüedad tardía (Plotino, Proclus, Damascio). Se desarrolla en el antiguo cristianismo con los rasgos del Pseudo-Dionisio el Areopagita (autor anónimo del siglo v) y de los autores orientales como Juan Crisóstomo, Simeón el Nuevo teólogo o Gregorio Palamás, antes de afectar al catolicismo a finales de la Edad Media a través de los místicos renano-flamencos (Eckhart, Suso, Tauler, las beguinas). El mundo musulmán no se libró de ello, con una potente corriente mística llamada "teosófica" de la que Ibn Arabi, en los siglos XII-XIII, es el mascarón de proa. Estas corrientes místicas apofáticas insisten en el carácter insondable e inefable de Dios y pretenden guiar los pasos del iniciado hacia el misterio divino, misterio que no podrá aprehender por la razón, sino contemplar y amar con la inteligencia del corazón. Desconfían, pues, de la teología positiva que tiende en exceso a racionalizar a Dios y a reducirlo a una personalidad. Esas corrientes místicas tienen viento de popa en Occidente por esta razón precisa. Estoy convencido de que si tantas personas se interesan por Maestro Eckhart, la Cábala, los místicos ortodoxos o sufíes, es principalmente para encontrar un discurso sobre Dios distinto al de la teología clásica: un discurso que brota más de la experiencia y el corazón que del razonamiento a partir de la Revelación.

Un Dios a quien se encuentra en el interior de uno mismo

A partir del momento en que Dios es percibido más como algo divino impersonal que como una persona exterior a uno mismo, no se reza ya a un ser exterior que vive en los cielos, sino que se acoge lo divino en lo más íntimo de uno mismo. Eso coincide evidentemente con la meditación oriental. Pero, sin llegar a eso, incluso los creyentes que oran a un Dios personal quieren tener una experiencia íntima de Dios. No pretenden ya limitarse a una religión exterior o a una fiel observancia del ritual, desean experimentar lo sagrado, sentir a Dios en su corazón. La interioridad se convierte en el lugar de encuentro entre lo humano y lo divino. Hemos visto ya que este movimiento comenzó en la Antigüedad y que jamás ha dejado de existir a través de las corrientes espirituales y místicas. Pero en el siglo XX asistimos a una aceleración y una democratización de esta tendencia. Se trata, por ejemplo, de la aparición del movimiento pentecostista en los Estados Unidos: los famosos *born again* afirman vivir un "segundo nacimiento" en el Espíritu Santo. Este movimiento protestante afectará al catolicismo en los años 1970 por medio de la renovación carismática que se extenderá como un reguero de pólvora por la Iglesia, multiplicando los grupos de plegaria donde los creyentes aprenden a "degustar" a Dios, a sentir su presencia. Por lo que se refiere a los judíos, a los católicos y a los musulmanes que se inclinan preferentemente hacia lo divino más apofático, a menudo se inician en la meditación Zen, muy sobria, que permite hacer un silencio interior y acoger lo divino en lo más profundo de uno mismo.

Quisiera citar al místico alsaciano del siglo xiv Jean Tauler que resume muy bien esta experiencia: «He aquí que el hombre se recoge y penetra en este templo (su yo interior) en el que, con toda verdad, encuentra a Dios habitando y operando. El hombre consigue experimentar a Dios, no al modo de los sentidos y de la razón, o como algo que se oye y se lee [...] sino que lo degusta, y goza de él como de algo que brota del "fondo" del alma como de su propia fuente». No se habla ya a Dios en el cielo, sino que se le descubre como una fuente en lo más íntimo de uno mismo.

Si Dios no está en el cielo, ¿dónde puede estar? Es seguro que si el hombre antiguo medieval podía imaginar aún que Dios se oculta en alguna parte del cielo, eso no es ya posible desde hace varios siglos gracias al desarrollo de la astrofísica. Y, es razonable subrayarlo, esta es sin duda una de las razones de esta búsqueda más interior de Dios. Sin embargo, Jesús decía ya: «El reino de Dios está en vuestro interior» (Lucas, 17, 21). Ahora bien, la mayoría de las traducciones de la Biblia convierten este versículo en «en medio de vosotros» o «entre vosotros», lo que desvía su verdadero sentido. Como si no se deseara oír hablar de un reino interior y se prefiriera un Reino vivido en comunidad. El texto griego dice sin embargo *entos*, «dentro», «en el interior», y no «en medio» o «entre». La *Traducción ecuménica de la Biblia* (TEB) llega incluso a precisar, en una nota: «A veces se traduce: "en vosotros", pero esta traducción tiene el inconveniente de convertir el reino de Dios en una realidad sólo interior y privada». Ese mero ejemplo es muy significativo del modo en que una ideología eclesial desvía a veces el sentido de los textos. La Iglesia prefiere la comunidad a la interioridad pues no puede hacer presa alguna sobre esta última. Pero la palabra de Dios es extremadamente potente: en primer lugar, el hombre debe buscar en sí mismo el reino de Dios y no en los cielos o en la comunidad humana. Dios no es lejano, está en lo más íntimo de cada cual.

Los seres intermediarios: santos, guías, ángeles

¿Acaso no es otro modo de rechazar a ese Dios en exceso lejano recurrir a sus santos, a sus ángeles, a la Virgen María? La religiosidad popular necesita también "seres intermediarios" más sensibles, más representables, más cercanos a lo humano que ese Dios abstracto. De ahí, ya en las religiones antiguas, la aparición de los ángeles, esos espíritus puros, y la idea desarrollada en el zoroastrismo y retomada por el judaísmo y el cristianismo de que velan por los humanos. Asistimos, en efecto, a un sorprendente retorno de la creencia en los ángeles entre personas que no están ya necesariamente comprometidas con una religión. Y si no se trata de ángeles, son "guías", es decir, almas de difuntos que velarían por cada uno de nosotros. Si este fenómeno se une al poderoso renacimiento del culto mariano y del culto de los santos desde el siglo XIX en el catolicismo, podemos advertir en efecto un deseo de vinculación con seres más comprensibles y sensibles que el propio Dios. Y eso permite también, en cierto modo, no llevar en exceso a Dios a una concepción antropocéntrica: se respeta su misterio y su carácter insondable, y te diriges a sus ángeles o a sus santos para entrar en una relación más afectiva con fuerzas superiores y tener una ayuda en nuestras preocupaciones terrenales. Yo diría, pues, que hay dos modos de aproximarse a un Dios percibido como demasiado humano: descubrirlo en uno mismo o dirigirse a sus subordinados.

Un Dios más femenino

¿No está el desarrollo del culto a la Virgen María en el catolicismo vinculado también al rechazo de una excesiva masculinización de Dios? Necesitamos un padre, pero también una madre. En Occidente estamos saliendo poco a poco del patriarcado y no por casualidad se asiste desde entonces a una transformación de las representaciones divinas. No es que vaya a pasarse de la representación de un dios barbudo a una diosa de largo cabello, pero los creyentes, que saben muy bien que Dios no tiene sexo, le atribuyen cualidades más femeninas que antaño. El Dios del Antiguo Testamento es típicamente masculino: es el Dios de los ejércitos, es omnipotente y dominador. El Dios de Jesús es un Dios de amor y de misericordia con rostro más femenino, pero sigue siendo de todos modos un Dios juez que puede dar miedo. Ahora bien, el actual rostro del Dios al que se adhiere la mayoría de los creyentes es un Dios amante, envolvente, bueno, protector, en resumen... ¡maternal! A la figura tradicional del "Dios padre", que impone la ley y castiga a los pecadores, se ha ido progresivamente prefiriendo la figura de un "Dios madre" que da el amor y reconforta. Y, como he dicho ya, el culto a la Virgen María apareció hace ya mucho tiempo para compensar, en el catolicismo, este exceso de lo masculino.

Conclusión

Por primera vez en la historia de los hombres, ¿podría el ateísmo ser norma en Francia, en Europa y en el mundo durante los siglos venideros? ¿O acaso la figura de Dios seguirá estando siempre tan presente, aunque solo sea porque responde a profundas necesidades humanas?

Si miramos de cerca las cifras, advertimos que son sobre todo las generaciones de más edad las que creen en Dios. En la encuesta sobre los valores de los europeos, del 52% de los franceses que creen en Dios, la mayor proporción se encuentra entre las personas de más de 60 años (69%) y la más débil entre los que tienen menos de 30 años (41%). Lo que permite pensar que las consecuencias del declive de la religión y de la transmisión tiene como efecto una disminución de la fe entre las generaciones jóvenes. Las conversiones de adultos a las que asistimos tampoco compensan, ni de lejos, esta pérdida. Lo decíamos anteriormente: el ateísmo de los jóvenes no es un ateísmo militante, filosófico, como el de sus mayores. No se oponen al Dios de su infancia, puesto que no recibieron educación religiosa; es más bien un ateísmo práctico. No creen en Dios porque no lo ven y suelen considerar inútil esta hipótesis. Es posible, pues, que el término postrero de la modernidad, como pensaba Nietzsche, sea efectivamente la muerte de Dios.

Pero es posible imaginar también otros mil guiones. El de un encadenamiento de catástrofes que conduzca a los hombres a regresar a Dios como una ayuda o una esperanza en un mundo angustiado. También el de una progresiva metamorfosis de los rostros de Dios en el sentido de un divino más impersonal que fuera una especie de síntesis de Oriente y Occidente y que reuniera cada vez a más personas en busca de espiritualidad vivida, para dar sentido a su vida.

Mientras la existencia humana siga siendo un enigma, mientras la experiencia del amor y la belleza nos haga tocar lo sagrado, mientras la muerte nos interpele, hay muchas posibilidades de que Dios, sea cual sea el nombre que le demos, sea para muchos una respuesta creíble, un absoluto deseable o una fuerza transformadora.

Epílogo

«¿Y cree usted en Dios?» Al terminar mis conferencias me hacen muy a menudo esta pregunta, y es perfectamente legítima. No he querido tratar esta cuestión íntima hasta ahora, pues cambiamos de registro. Regresando a las categorías de Kant, he intentado a lo largo de toda esta obra compartir mi *saber* sobre la cuestión de Dios, como filósofo, sociólogo e historiador. Voy a dar a conocer, ahora, mi *opinión* personal, mi íntima convicción.

Creo, en efecto, que es legítimo para el lector interrogarse sobre su propia convicción, en un tema en el que, más allá de los conocimientos objetivos, es imposible no tener punto de vista personal alguno. Sin embargo, para marcar bien la ruptura he deseado hacerlo en forma de un epílogo de diferente tono. Y desarrollando también algunas reflexiones, pues es una cuestión a la que me sería imposible responder con una palabra, "sí" o "no", sin provocar numerosos malentendidos.

¿De qué Dios estamos hablando?

Cuando le hicieron la misma pregunta a Albert Einstein: «¿Cree usted en Dios?», respondió: «Dígame lo que entiende usted por Dios y yo le diré si creo en él». Su interlocutor se quedó pasmado. ¡Y con razón! Cuando decimos "Dios", ¿de qué dios hablamos? ¿Del dios al que los aztecas sacrificaban niños? ¿Del dios personal de la Biblia que habla a Moisés y a los profetas? ¿Del dios de Spinoza que se identifica con la Naturaleza? ¿Del gran relojero de Voltaire? ¿De lo divino impersonal de los estoicos o los sabios de Asia? Incluso en el seno de una tradición como el cristianismo, los rostros de Dios son innumerables: ¿qué tienen en común el Padre amante de Jesús y el Padre castigador del siglo XIX? ¿El Dios de la madre Teresa y el del Gran Inquisidor? Leyendo este libro se habrá comprendido: Dios es un concepto saturado. Se ha hablado demasiado de Dios, se ha hablado demasiado en nombre de Dios. Y de modo muy contradictorio. Hasta el punto de que la propia palabra ha perdido casi todo significado. Hannah Arendt lo escribió muy bien en *La vida del espíritu* (1978): «Ciertamente no es que Dios haya muerto, pues sabemos tan poco sobre ello como sobre su existencia [...], pero sucede sin duda que el modo como se ha pensado a Dios durante siglos no convence ya a nadie: si algo ha muerto, solo puede ser el modo tradicional de pensarlo».

Cuando me preguntan si creo en Dios me es, pues, imposible responder sin devolver la pregunta a mi interlocutor: «¿Qué entiende usted por "Dios"?» De hecho, la idea que me he hecho de Dios no ha dejado de evolucionar durante mi vida, así como la adhesión o el rechazo que he podido sentir ante esas diversas representaciones. La cuestión de nuestra relación con Dios pocas veces permanece inmóvil. Algunas personas nunca se la plantean y otras están instaladas en las mismas certidumbres desde siempre. Pero para muchos de nosotros, europeos sobre todo, esta cuestión es móvil y nuestra fe suele ser "intermitente", utilizando la expresión de Edgar Morin: evoluciona, se metamorfosea, se enciende o se apaga en función de los momentos de nuestra vida, de las pruebas o los gozos que vivimos. La mejor respuesta que puedo dar, pues, la más honesta y la más rigurosa, es hacerles compartir brevemente las líneas generales de la evolución de mi relación con la cuestión de Dios. Perdonen el carácter autobiográfico de las líneas que siguen, pero no hay otro medio de responder en profundidad y con verdad.

La belleza del mundo y del espíritu

Nací en un medio católico practicante. Mis padres se comprometieron siempre en causas humanitarias y ayudaban a personas en dificultades. Fui pues testigo, siendo niño, de un cristianismo social, liberal y comprometido, que ciertamente me marcó con mayor profundidad que la propia fe. En efecto, no recuerdo haber visto a mis padres rezando fuera de la iglesia o haber oído hablar de Dios en casa. La misa dominical siempre me aburrió y escapé muy pronto de ella para ir en bici con mis compañeros. Mis padres quisieron que sus hijos fueran educados en el campo y tuve así la suerte, tras dos años pasados en Madagascar, de crecer en una pequeña aldea del Essonne entre campos y bosques. Siempre me ha conmovido la belleza del mundo. De niño viví numerosos momentos de "estupefacción" ante un hermoso paisaje, o incluso un simple detalle, como el reflejo de la luz en el sotobosque o un gato ronroneando de placer al sol. De adolescente, mis primeras impresiones amorosas no fueron el encuentro con una mujer, sino una inefable alegría que a menudo abrió mi corazón durante una marcha por la montaña o ante el océano. Daba gracias entonces al universo por aquella hermosura ofrecida. Fueron ciertamente mis primeras experiencias de lo sacro.

Hacia la edad de 14 años descubrí las obras de Platón en la biblioteca de mi padre, y la ávida lectura de los diálogos socráticos me abrió el espíritu a las grandes cuestiones de la filosofía: ¿qué es la verdad? ¿Cómo llevar una vida buena y feliz? ¿Cuáles son los valores esenciales sobre los que basar la propia existencia? ¿Qué es ser realmente libre? ¿Cuál es el sentido de la vida humana? Las cuestiones del alma, de la ética y de la salvación se me plantearon, por tanto, de entrada, en términos filosóficos y no explícitamente religiosos. Las religiones, a decir verdad, no me interesaban demasiado y veía sobre todo, como joven lector apasionado de Nietzsche, su dimensión institucional, política y moralizadora, que yo reprobaba. Sin embargo, iban a producirse dos chasquidos, hacia la edad de 16 años, que me abrirían a las espiritualidades asiáticas.

Cierto día, mientras paseaba por la calle de Médicis, en París, vi en el escaparate de una librería la cubierta de un libro ilustrado con el rostro de una mujer india. Sin poder apartar mis ojos de aquella foto, entro en la tienda y compro el libro en cuestión. Se trataba de una obra de Denise Desjardins titulada *De nacimiento en nacimiento*, y la foto era la de una mística india llamada Ma Ananda Mayi.

La autora –esposa del célebre periodista Arnaud Desjardins, que había sido el primer occidental en filmar a los grandes sabios de la India contemporánea– contaba su encuentro con aquella india considerada en su país como la mayor mística del siglo xx. Arrobado por la sorprendente belleza y la serenidad que emanaba de las fotos de Ma Ananda Mayi, me procuré las obras de Arnaud Desjardins sobre la espiritualidad de la India y comencé a practicar yoga. Algo más tarde, un amigo totalmente ateo me pasó un librito titulado: *El tercer ojo* de un tal Lobsang Rampa. Se presentaba como el relato autobiográfico de un lama tibetano que cuenta su iniciación a la vida monástica en Lhassa, justo antes de la invasión china. Aunque más tarde iba a saber que, de hecho, se trataba de una ficción escrita por un inglés, este atractivo relato me despertó el deseo de descubrir el budismo tibetano.

Entre los 16 y los 20 años, leí todo lo que caía en mis manos y abordaba las cuestiones esenciales bajo los más diversos puntos de vista: las novelas de Dostoievski o de Herman Hesse, las obras de Carl Gustav Jung, los poemas de los místicos musulmanes, como Rumi o Attar, los textos fundamentales del taoísmo y el confucianismo, los filósofos estoicos y neoplatónicos. Conocí también a un cabalista rumano con quien seguí cursos sobre el simbolismo de las letras hebraicas, y aprendí en la India la práctica de la meditación junto a lamas tibetanos. Había intentado también leer la Biblia y el Corán, pero cerré muy pronto estas obras que no decían nada a mi alma. Al revés que las *Enéadas* de Plotino, el *Tao Te King* de Lao Tse o *La conferencia de los pájaros* de Attar.

Cristo y el Evangelio

Advertí también que la única gran religión que yo no había nunca estudiado realmente era la de mi infancia: el cristianismo. Oponía una especie de resistencia vinculada a los malos recuerdos del catecismo infantil y de las lenitivas misas. Mi mejor amigo que, por su parte, era muy creyente, me invitó a ir solo, durante algunos días, a un monasterio cisterciense de Bretaña. El desafío me gustó y, con apenas 19 años, acudí a la abadía de Boquen. Me conmovió la austera belleza del lugar y el resplandor de las hermanas contemplativas que allí vivían. Pero aquello no bastó para hacerme permeable a la fe cristiana. La idea de un Dios personal revelado me era del todo ajena, aunque me adhiriese de buena gana a la de un Absoluto impersonal, al modo de los chinos, los budistas o las sabidurías filosóficas como las de Epicteto, Plotino, Spinoza.

Entonces leí por primera vez el Nuevo Testamento. Lo abrí al azar y di con el Evangelio según san Juan. Tras unos minutos sentí una ardiente presencia de amor: notaba en lo más íntimo de mí mismo aquel Jesús del que hablaba el Evangelio. Conmovido, proseguí a trancas y barrancas la lectura, como para agarrarme a algo tangible. En el capítulo 4, cuando la Samaritana pregunta a Jesús dónde debe adorarse a Dios, este responde que no es en aquella montaña de Samaria, ni en el templo de Jerusalén donde debe adorarse, sino en espíritu y en verdad, pues Dios es espíritu. Sentí entonces una inmensa alegría. Jesús saciaba la sed de mi corazón y respondía a la pregunta que, como a aquella mujer samaritana, obsesionaba entonces mi inteligencia: ¿cuál es la religión verdadera? Para mí, su mensaje era límpido: todas las religiones pueden llevar a la verdad, pero ninguna tiene toda la verdad, y el verdadero templo es el espíritu del hombre. Allí, y solo allí, en su búsqueda de la verdad, puede encontrar a Dios.

Desde que viví esa experiencia mística, hace 30 años, la fe en Cristo nunca me ha abandonado. Le considero mi maestro interior, el verdadero guía de mi vida espiritual. Me pongo ante su presencia en cualquier momento del día y sigo alimentándome con su palabra. Este encuentro me abrió otra dimensión de la fe: la de una vida después de la muerte. Pues si podía estar en contacto con el espíritu de Cristo, era que estaba vivo y muy fiel a la última palabra que pronunció al desaparecer definitivamente de la mirada de sus discípulos, antes de su Ascensión: «Y estoy con vosotros todos los días hasta el fin del mundo» (Mateo, 28, 20). Si Jesús estaba vivo 2 000 años después de su muerte, nosotros debiéramos estarlo también después de la nuestra. La vida en la Tierra es solo una etapa. La muerte no es un fin sino un pasaje. Esa es también mi fe.

Amor a Dios y al prójimo

En los años que siguieron a ese encuentro me comprometí con la religión cristiana, pues quería alimentar esta relación con Cristo que daba todo su sentido a mi vida. Trabajé en la India, en leproserías y con los moribundos de la madre Teresa, hice retiros en ermitas, efectué estancias en Israel y, sin abandonar mis estudios de filosofía, me encerré en un monasterio durante tres años, creyendo que tenía vocación para la vida contemplativa. Nunca me atrajo el sacerdocio, pero el deseo de una vida sencilla, desprovista de cualquier artificio y enteramente consagrada a la vida espiritual me atraía profundamente. Me adherí entonces de modo pleno al catolicismo: su teología, sus dogmas, sus rituales. Conocí, en esa vida de pobreza y castidad total, grandes gozos, pero también momentos muy dolorosos. Pues, progresivamente, algo fue mal en ese compromiso. Tomaba conciencia de que no estaba hecho para la vida religiosa: comencé a sentir fobias (vértigo, claustrofobia) y a estar enfermo sin cesar. Mi cuerpo decía "basta" a un modo de vida que no me convenía. Pero, más profundamente, cada vez me ahogaba más en la Iglesia. Fiel a la tradición católica, la mayoría de los religiosos y eclesiásticos a los que conocía estaban convencidos de poseer la Verdad. Más allá de las hermosas palabras iniciales, en el fondo consideraban las demás confesiones cristianas inferiores al catolicismo, y las otras religiones, en el mejor de los casos, como pobres intentos humanos de alcanzar a Dios y, en el peor, como tradiciones de inspiración diabólica.

Decidí entonces no seguir adelante con la vida religiosa y abandonar el monasterio. Mientras trabajaba en la edición comencé una tesis doctoral en la Escuela de Altos Estudios en ciencias sociales sobre el budismo y Occidente. Fue, para mí, la ocasión de reconciliarme con el budismo, proseguir mi trabajo filosófico –y, ahora, también sociológico e histórico– en un terreno apasionante y sobre el que muy pocos investigadores trabajaban por aquel entonces. Paralelamente, lo aproveché para profundizar en mis conocimientos sobre la exegesis bíblica y la historia de las religiones, pues necesitaba hacer una selección entre todo lo que había recibido en el seno de mi compromiso con el catolicismo. Seguí descubriendo, con el paso de los años, cómo el magisterio y las prácticas de la Iglesia estaban a menudo lejos de los fundamentos evangélicos. Más aún, la teología cristiana de la Redención –el Hijo que reconcilia a los hombres con su Padre derramando su sangre– se me apareció como una reintroducción del antiguo pensamiento sacrificial del que Cristo había querido liberar a la humanidad.

Me distancié, pues, mucho del dogma cristiano y de cualquier institución religiosa.

Aunque tengo fama de hereje para algunos sigo considerándome, sin embargo, un cristiano, pues he comprendido de los Evangelios que la fe no consiste, de entrada, en recitar el Credo e ir al templo o a la iglesia, sino en estar unido a Cristo, dejarse amar por él e intentar amar al prójimo. Por esto creo que Jesús no vino a fundar una nueva religión (además, nació y murió judío), sino a instaurar una espiritualidad universal que, sin renegar de ello, trasciende todos los rituales y todos los dogmas... por el amor. Para Jesús, rendir culto a Dios es amar al prójimo. No importa entonces que se sea judío, samaritano, budista, pagano, etcétera. Juan confirma esta idea revolucionaria en su primera epístola: «A Dios, nadie lo ha visto nunca. Pero si nos amamos los unos a los otros, Dios permanece en nosotros, en nosotros su amor se consuma. [...] El que ama ha nacido de Dios y conoce a Dios» (Juan, 1, 4). Se encuentra también en Pablo, en el magnífico Himno a los Corintios: «Por muy profeta que fuese, aunque tuviera toda la ciencia de los misterios y todo el conocimiento de Dios, y por mucho que tuviera la fe hasta mover las montañas, si me falta el amor, no soy nada» (Corintios, 1, 13). Está también presente en numerosos pasajes de los evangelios sinópticos, como la parábola del Juicio Final, en la que Jesús muestra que el único criterio de salvación es el amor desinteresado al prójimo, con el que se identifica: «Venid, benditos de mi Padre, recibid como herencia el Reino preparado para vosotros desde la creación del mundo.

Pues tuve hambre y me disteis de comer; tuve sed y me disteis de beber; era un extranjero y me acogisteis; estaba desnudo y me vestisteis; estaba enfermo y me visitasteis; estaba en la cárcel y vinisteis a verme» (Mateo, 25). Soy, pues, cristiano por estas dos razones: una experiencia personal de Cristo vivo, y una constante admiración ante la fuerza de los Evangelios, su altura espiritual, su humanidad, su universalidad.

Dios personal y divino impersonal

Aunque mi relación con lo Absoluto pasa esencialmente por Cristo, la cuestión de Dios permanece abierta para mí. Siento en mi corazón que existe algo que me supera y, a veces, me conmueve –un misterio profundo de la vida, otro nivel de realidad distinto al mundo material y sensible–, pero nada puedo decir de este misterio, salvo que está tejido con amor y luz. Mi propia experiencia coincide así con la de numerosos espiritualistas de todas las culturas y de todas las épocas que se inscriben en la gran corriente transversal de la mística apofática: del neoplatonismo de la Antigüedad a la mística teosófica del Renacimiento, pasando por la cábala judía, la teología negativa cristiana y el sufismo musulmán. Nadie sabe quién es Dios. Si Dios existe, por definición sigue siendo un misterio y un enigma para nosotros. Creo que los creyentes no deberían intentar circunscribir, definir, objetivar lo inefable. Este es el drama de los monoteísmos: al no dejar de calificar a Dios y de decir lo que es y lo que quiere, han terminado "cosificándolo" y cayendo finalmente en la idolatría que al parecer combatían. Si Dios existe, escapará siempre al entendimiento humano, y si Jesús mantiene un vínculo particular, único incluso, con Dios –y este es el fundamento de la fe cristiana–, su identidad profunda seguirá siendo siempre un misterio, de ahí también los límites de la teología trinitaria.

He encontrado en Maestro Eckhart –ese gran místico y predicador dominico, condenado el 27 de marzo de 1329 por el papa Juan XXII– palabras que expresan perfectamente lo que siento y pienso. «Ruego a Dios que me libere de "Dios"», no vacila en decir en su sermón 52. Es decir, de este "ser" sobre el que proyectamos toda clase de cualidades sacadas de nuestra experiencia humana y al que calificamos, como calificamos una cosa, lo que conduce a reificarlo. Eckhart llega, pues, a establecer una distinción capital entre "Dios" (*Gott*) y la "Deidad" (*Gottheit*). La Deidad es la esencia divina inefable, el Uno indecible de Plotino, del que todo procede. Dios es la manifestación de la Deidad en el mundo; es la Deidad en su relación con las criaturas; es el Dios personal de la revelación; es el Dios definido como trinitario por las Iglesias cristianas. Este Dios de numerosos nombres o rostros: Yavé, Alá, la Trinidad, la Trimurti, etcétera. El psicólogo suizo Carl Gustav Jung, que me ha inspirado mucho desde la adolescencia, se apoyó también en esta distinción eckhartiana para mostrar que, aunque la psicología nada pueda decir de la Deidad, puede aprehender a Dios como un arquetipo presente en la psique humana: «"Dios" solo es siempre, precisamente, la representación que nuestra alma se hace de lo Desconocido. Es una "función del alma" y "el alma lo expresa" como criatura» (*Los tipos psicológicos*, 1921).

Esta distinción fundamental entre un divino no-conocible (Deidad) y un divino manifiesto (Dios) está en el meollo de todas las grandes corrientes de la teología apofática. La "Deidad" de Eckhart no es sino el "Uno" de Plotino, el *huwa* (Él) de los sufíes musulmanes, el *Ein Sof* de los cabalistas judíos, la *shumyata* (la vacuidad absoluta) del budismo o el *brahman* impersonal de la India. Transcultural, la vía apofática constituye a mi entender una de las condiciones del reconocimiento positivo, profundo, del pluralismo religioso y una de las principales condiciones para un diálogo interreligioso auténtico y fecundo. Esta distinción permite, en efecto, vincular las grandes formulaciones de lo Absoluto y superar sus aparentes contradicciones. Gracias a ella podemos comprender que lo divino es, a la vez, personal e impersonal, trascendente e inmanente, revelado e inefable. Puede considerarse como un "ser" en tanto se manifiesta en el mundo (Dios), pero en su esencia última está "más allá del ser" (Deidad). Las espiritualidades orientales, al igual que las sabidurías griegas, especialmente el neoplatonismo, o también Spinoza, hablan sobre todo de la "Deidad", y hacen hincapié en lo divino impersonal inmanente. Los tres monoteísmos hablan primero de "Dios" y hacen, pues, hincapié en un ser personal trascendente. Para mí, al igual que para Eckhart y los defensores de la mística apofática, ambas cosas son ciertas. Puedo meditar y hacer la experiencia interior de la inefable profundidad del espíritu, pero también hablar con Dios como a un "padre". Sé que lo divino se me escapa por completo, pero puedo contemplar a Cristo y unirme a él como «imagen del Dios invisible» (Pablo). Puedo vivir una experiencia de lo sagrado de tipo panteísta en la naturaleza, pero también encender un cirio ante una estatua de la Virgen María o rezar ante el Santísimo Sacramento. Puedo llamarme cristiano, pero celebrar el Sabbat con mis amigos judíos y alabar a Alá con mis amigos musulmanes. Lo que durante mucho tiempo me pareció opuesto y contradictorio se ha unificado hoy, pues no me sitúo ya en una relación unívoca con lo divino y dejo que mi corazón hable tanto como mi razón, mi sensibilidad tanto como mi intuición. Los hindúes, que por temperamento dan prueba de gran flexibilidad intelectual lo han comprendido desde hace mucho tiempo: abogan a la vez por la vía de la devoción amorosa a una divinidad personal (que puede adoptar mil rostros) y por la vía de la meditación no dual de lo divino impersonal que lo engloba todo. La primera vía es muy popular pues es accesible a todos. La segunda es más elitista. Y ambas pueden combinarse.

Los peligros del dogmatismo

Aunque crea, pues, en esta "Deidad", en el "Uno", en ese divino inefable, desconfío de cualquier "revelación" divina pues, como he explicado en este libro, cada revelación se inserta en un contexto cultural y político que la condiciona profundamente. Lo que entonces se denomina "palabra de Dios" está siempre vinculado a épocas y lugares concretos, a mentalidades y envites de poder particulares. Y aunque lo divino se manifieste a través de ciertos profetas o ciertos textos, algo que yo no niego, lo humano resulta entonces indisociable de lo divino y es necesario tomar en cuenta las circunstancias. Cualquier lectura literal de los textos religiosos lleva a la intolerancia y a la violencia. El ritual y la institución deben considerarse como medios, y no como fines. Cualquier dogma y cualquier discurso teológico es relativo, puesto que está condicionado por la cultura y, también, por los límites del lenguaje y de la razón. El fanatismo religioso se desprende de esta absolutización de los textos, del ritual, de la tradición o de la institución, y puede adoptar múltiples formas. En nuestros días son los extremistas musulmanes y los cristianos de extrema derecha los que siembran la muerte; los colonos judíos que bloquean cualquier proceso de paz; los prelados católicos que protegen a los sacerdotes pedófilos para salvaguardar la institución; los nacionalistas hindúes que masacran a los musulmanes, etcétera. Pero incluso cuando el fanatismo religioso adopta rostros menos violentos, no por ello deja de ser un obstáculo duradero para la paz y la comprensión entre los hombres. Pienso en esos centenares de millones de creyentes de cualquier religión que están convencidos de poseer la verdad definitiva; que solo su texto sagrado es auténtico y revelado; que los rituales y las prohibiciones que han adoptado son necesarios para la salvación.

Por eso creo que la selección más profunda no se realiza entre creyentes y no creyentes, sino entre tolerantes e intolerantes, entre dogmáticos y no dogmáticos. Como recuerda mi amigo André Comte-Sponville, hay ateos dogmáticos como existen creyentes dogmáticos. Tienen en común el hecho de erigir su creencia en saber y despreciar o agredir a quienes no comparten sus certidumbres. A la inversa, creyentes y ateos no dogmáticos no erigen sus íntimas convicciones en saber objetivo y manifiestan un verdadero respeto por quienes no comparten su punto de vista. El filósofo Maurice Merleau-Ponty decía con una pizca de despecho: «No se puede discutir con los católicos porque *ellos saben*». Afortunadamente, no todos son así (en nuestros días, muchos católicos son tolerantes y están abiertos a los demás), y lo mismo puede decirse de numerosos ateos, aunque su dogmatismo no tenga hoy las mismas consecuencias trágicas que el de los fanáticos religiosos. Como creyente no dogmático puedo dialogar de modo fecundo y verdadero con André Comte-Sponville, porque es un ateo no dogmático. Pero cualquier discusión es casi imposible con un creyente o un ateo dogmático que prefiera el choque de las certidumbres a la común búsqueda de la verdad.

Uno de los principales obstáculos a los progresos de la humanidad y el conocimiento no es la fe ni la ausencia de fe, como se pensó durante mucho tiempo en los precedentes siglos, es la certidumbre dogmática, de cualquier naturaleza que sea. Porque termina engendrando –de modo más o menos intenso o explícito– el rechazo del otro, la intolerancia, el fanatismo, el oscurantismo. En un mundo interconectado y sometido a tantos desafíos decisivos me parece peligroso e irrisorio pelearse vehementemente por la religión y la cuestión –por siempre abierta– de Dios. Sean cuales sean nuestras creencias, ¿lo importante no es, acaso, cultivar y promover estos valores universales que nos unen y de los que depende el porvenir de toda la humanidad: la justicia, la libertad, el amor?

editorial K airós

Puede recibir información sobre nuestros
libros y colecciones o hacer comentarios
acerca de nuestras temáticas en

www.editorialkairos.com

Numancia, 117-121 • 08029 Barcelona • España
tel +34 934 949 490 • info@editorialkairos.com